命ある限り歩き続ける

横田南嶺
Yokota Nanrei

五木寛之
Itsuki Hiroyuki

致知出版社

まえがきにかえて

私は、いわば「はぐれ者」である。いまは作家として生きているが、それまで無数の職業を遍歴して暮してきた。いま現在も小説一筋というのではなく、さまざまな雑事にまみれて生きている。

そもそも戦前、戦中、戦後を通して、私は各地を転々として過ごしてきた。一つの場所に落着くことのないデラシネ（漂流者）のような存在である。大学も横に出て、まともな勉強をする機会もなしに今日まで生きてきた。しかし、それでいてどこか心の奥に、学ぶこと、知ることについての憧れが消えることがなかった。

そんな私にとって、学びの場というのは優れた先達と会い、対面して肉声で話をきくことだけだった。対談というのは私にとって面授《めんじゅ》を受ける希有な機会であり、得がたい個人授業の場であったのだ。

これまでどれだけの先達とお話をさせていただいたことだろう。市井のストリッパーも、ノーベル賞の作家も、ボクシングの世界チャンピオンも、すべて一期一会の面授の師であったといっていい。松原泰道師も、その忘れがたい師のお一人だった。縁あって雑誌『致知』誌上で、松原先生を敬愛する横田南嶺師と対談をさせていただくことになったときは、さすがに緊張した。横田さん（なれなれしく呼ばせていただくが）は、私と正反対の道を歩まれた純正な宗教者でいらっしゃる。歴史ある鎌倉円覚寺派の管長さんで、かつ京都の花園大学の学長さんでもある。若い頃からぶれない一筋の修行の道を歩んでこられた禅師である。お書きになった幾冊もの著書を拝見しても、格調高き正統派の宗教者だ。

私のような野良犬が、はたしてお相手がつとまるかと恐る恐る参上したのだが、お会いしてご挨拶した瞬間から即座に危惧は氷解《ひょうかい》した。

実際の年齢はともかく、青年のように若々しい風貌《ふうぼう》である。しかも、温顔和語という言葉どおりのお人柄なのだ。私の事前のこだわりは一挙に消えて、時間をオーバーしての歓談となった。とかく反抗的な物言いをする私の発言を、やわらかく受けとめて、芯のある意見をおだやかに展開してこられる懐《ふところ》の深さは、若くして老師と呼ばれる器量の大きさ、深さに裏づけられたものだろう。

私はこれまで禅宗のかたがたと深く接する機会を持たなかった。『百寺巡礼』という企画で、いくつかの寺を訪れたことと、立松和平さんとの対談集『親鸞と道元』を編んだことがあるくらいの薄い線だった。しかし、横田さんと自由な意見を述べあっているうちに、日本仏教という独自な世界からつながるガウタマ・ブッダへの血脈を、おのずと体感するようになってきたのである。

横田師の学識と修行体験は広く深い。その世界に包まれるようにしてこの対話はすすんでいった。私はこの歳になってまた一人、面授の師をえたのである。その空気というか、雰囲気の楽しさの一端が、読書のかたがたに伝わってくれれば、と心から願うばかりだ。

五木寛之

命ある限り歩き続ける＊目次

第二章　生老病痴の四苦を生きる——人生百年時代の生き方

第三章　すべては「語る」ことから始まった――教えの神髄

第四章　仏教という光に導かれて――感動、工夫、希望の実践

第七章　人生に活かす仏教の教え——もう一人の自分に気づく

装　　幀――スタジオ・ファム
帯 写 真――菅野勝男
編集協力――柏木孝之

◉対談の前に

横田　本日は、お目にかかれて光栄です。私のような若造が相手で本当にいいのかと、戦戦《せんせん》兢兢《きょうきょう》としていました（笑）。

五木　いや、私こそお会いできるのを楽しみにしていました。『致知』のご対談やご著書『禅が教える人生の大道』（致知出版社）を拝見しましたが、つい引き込まれて睡眠不足になりました。実に面白かったですね。面白いというと失礼に聞こえるかもしれませんが、私にとっては最大の称賛の言葉なのです。

横田　恐れ入ります。

五木　ところで、こちらへ来る車の中でずっと気にかかっていたんですけど、何とお呼びすればよろしいのでしょうか。私よりずっとお若いのに「老師」とお呼びするのもどうかと。花園大学の総長もなさっているそうですから、「先生」がよいかと思っていたのですが。

横田　よろしければ、横田さんとお呼びください。お坊さんというのは一流になると「さん」付けになるんですよ（笑）。一休さんも良寛さんも白隠さんも、皆そうでしょう。

五木　それはいいことを伺いました。なるほど。

横田　ですから私は、お寺で「管長」とか「老師」とか呼ばれる度に忸怩《じくじ》たる思いがしていまして、いずれ自分も「横田さん」とか「南嶺さん」と呼ばれるようになったらいいなと思っているんです（笑）。

五木　では今日はご提案通り、お互いに「さん」ということで……（笑）。

横田　はい、よろしくお願いします（笑）。

第一章

咲いた花は必ず散る

——松原泰道師の残したもの

◉二十九年間教えを受けた心の師

横田　五木さんには百寺巡礼で円覚寺《えんがくじ》にお越しいただいておりますね。四十七番目でしたでしょうか。私がまだ管長に就任する前で、師家《しけ》という修行僧の指導をする役目についていた頃です。直接にはお会いしておりませんけれど、テレビで拝見しておりました。

五木　もう十何年も前ですね。あの頃はまだ元気でしたので、あちこちの山寺の階段を駆け上がっていました。室生寺の七百三十段の階段を三往復もしたり、鳥取の三徳山三佛寺の断崖《だんがい》にある投入堂まで登っていったり。でも、五年ほど前から足が痛くなって、つくづくと身心の衰えを感じているところです。

横田　そうですか。でも、お見受けしますと、同年代の方に比べてとてもお元気そうですが……（笑）。

五木　いやいや、とんでもない。

横田　対談の前に伺いましたところでは事前に私の本をお読みくださったそうですが、私も師と仰いでおりました松原泰道先生と五木さんがご対談なさった『いまをどう生きるのか』（致知出版社）という本を読み返してまいりました。松原先生はこの本が出て七か月後に百二歳でお亡くなりになりましたから、私にとっては先生から最後にいただいた本になるんです。

五木　懐かしいですね。十年前の本ですよ。松原先生が百一歳、私が七十六歳で、二人合わせると二百歳近かった（笑）。とても有意義な対談でした。あの後、致知出版社の講演会でもご一緒させていただいているんです。

横田さんは松原先生とはどういうご縁でいらしたのですか。

横田　高校の頃に松原先生がラジオで『法句経《ほっくぎょう》』の講座を一年間通してなさっていたのを聴いて、大変感銘を受けましてね。法句経というのはご存じの通りブッダの原典の言葉ですけれども、それを大変にわかりやすく、明解に説いていただきました。

それで、ぜひともこの先生にお目にかかりたいと思って手紙を書き、面談がかなったのが十五歳の時でございました。十五にして学に志し、というちょうどその頃なんです。松原先生は講演で全国を回っておられたために弟子は取られませんでしたが、私はずっと松原先生のことを我が心の師としてお慕いしてまいりました。

今日は松原先生からいただいた遺品の袈裟《けさ》を着けてまいりました。先生は気が早くて、まだお元気な八十六歳の時にこの遺品をいただいたんです。「これは遺品だから君、持っておくように。ただ本番の時にちゃんと香典を忘れんようにしろ」と言って（笑）。五木さんにお会いできるというので、久しぶりに出してきたんです。

五木　ほう。それにしても十五といえばまだ少年の時分ですけど、何か大きな煩悶でも抱えておられたのでしょうか。

横田　そもそも私が仏教に触れるきっかけとなったのが祖父の死でした。二歳の時に祖父が亡くなって、人間というのは死ぬものであると知りました。それから火葬場のことが記憶に鮮明に残っているんです。当時の火葬場はまだ今のように綺麗《きれい》ではなくて、焼き場と呼ばれていたんですが、そこで祖父のお棺をかまどに入れ、蓋《ふた》を閉めて焼く。

五木　昔はお寺さんでも火葬をしていたそうですね。

横田　はい。私の田舎では集落からちょっと離れたところに焼き場があって、その隣に共同の墓地がありました。

五木　そうですか。明治の神仏判然《はんぜん》令の時に寺で焼くのは禁止されて、東京では政府が青山墓地を開発して土葬にしたそうです。ところが土葬にしていると土地が全然足りなくなって、結局、四、五年で火葬禁止令を撤廃して火葬を復活させたらしいですね。

横田　そうなんですか。なるほど。それは知りませんでした。

私はその焼き場での体験で大変衝撃を受けて、死ということを常に意識する変わった少年時代を過ごしましてね。天理教やキリスト教や浄土真宗や、いろんな宗教の話を聞きに行きました。親鸞さんの教えも聞きましたけれども、自分にはとても無理だと思いました。その中で坐禅に行き当たり、「よし、これだ」と思ったのが十歳の頃でした。
そういう中で松原先生の『法句経』の講座にめぐりあったのです。初めてお目にかかった時の松原先生は、まだ七十二歳のお元気な盛りで、それからお亡くなりになるまで二十九年間、様々な教えをいただきました。
私は松原先生について話し始めると止まらなくなるものですから（笑）、もう一つお話ししますと、私は松原先生に長くお世話になりましたけれども、一番叱られたのは「お坊さんになります」と言った時だったんです。先生は「坊さんの世界ほど嫌なものはないんだ。そこに君はこれから入るのか。もっと他の生き方はないのか」と言われました。私はてっきり褒められるものと思っていたのですが、意に反して、あの時ほど真剣に怒られたことはないです。

五木　そうでしたか。

横田　それはちょうど先生が伝統の仏教教団に対して、これじゃよくないという思いがあった頃だったのではないかと思います。

五木　それは松原先生が何歳ぐらいの頃ですか？

横田　七十半ばでしょうね。でも、のちに私が師家になって松原先生にご報告方々ご挨拶に行って、「あの時こう言われました」とお話ししたら、「いや、そんな失礼なことを」と（笑）。

それからはずっと先生は下座に座るんです。「あなたは修行を終えた人なんだから上座に座るんだ」と、こう言われまして。臨済宗では修行僧に指導する役目である師家は、上席に坐るという伝統があるんですね。あの時は責任の重さというのを改めて痛感いたしました。そういう待遇をされると、ちゃんとしなきゃいけないと思います。やっぱり尊ぶべきは尊ぶという伝統があるんですね。

ですから円覚寺の中でも、雲水の指導をしてくれているというと、それだけで管長の次席になるという伝統があります。教育というものを大事にしているんですね。これはよき習慣ではないかと思っているのですが。

五木　うーん、なるほどねぇ。

◉あの前途有為な若い人たちに申し訳ない

横田　きょうは松原先生とご縁のある五木さんにも、ぜひ聞いていていただきたいお話がございます。

先般、オウム真理教事件の受刑者たちの刑が執行されましたけれども、あの事件があった平成七年の秋に、松原先生は臨済会主催の講演会で講演をなさいました。当時は、教祖の麻原はけしからん、若いインテリがあんなものにかぶれて殺人まで犯すとはなんたることだという声が渦巻いておりました。特に宗教関係の人はオウム真理教を強く批判していましたけれども、松原先生の態度は全く違っていました。

先生はその講演で、こんなふうにおっしゃいました。

「いま日本中の人がオウム真理教の批判家になっている。私は批判する前にあの前途有為な若い人たちに申し訳ないと思う。あの前途有為な若い人たちがなぜ道を外れてしまったのか、批評をする前に、私自身が仏教の正しい布教ができなかったということを申し訳なく思うのです」と。
あの時は心が震えるような感動を覚えました。このご発言は松原先生の人となりをよく表していると私は思っています。

五木　それは初めて伺いました。なるほど。あのオウム真理教の事件については、日本の知識人や宗教家からいろんな発言がありましたが、どれ一つとして心から納得できるものはありませんでした。いま伺って、その松原先生のお話には非常に心を打たれるものがありますね。
オウム真理教事件は結局決着がつかないままに何となく無理やり締めくくったような感じがしていました。ですから、日本の仏教界に松原先生のような発言をなさったかたがいらしたということは大発見です。

横田　五木さんにそうおっしゃっていただけると、私も嬉しく思います。

五木　実はあの事件について少し苦い思いがありましてね。あの頃、南青山にあった教団の本部前で刺殺された幹部がいたでしょう。彼は生前に一冊の本を母親に渡して、自分のやっていることはこれを読んでもらえばわかるともらしたそうですが、その本が私の訳した『かもめのジョナサン』だったというんです。そのことが心の内に何か釈然としないシコリのようなものになって残っていました。

その後、京都にある真宗の霊園に彼の遺骨が納められているという話を聞きました。「釈覚睡」という法名だそうです。だいたい真宗の法名は「釈」で統一されていますけれど、「覚睡」は眠りから目覚めようというような意味なのでしょうか。

私はこの話を聞いてどういうことなのだろうかとびっくりしましてね。その時つくづく感じたのは、オウム真理教事件に対して宗教家から的確な発言がなかったということなんです。それだけに松原先生のご発言には一層打たれるものがあります。松原先生のご発言がジャーナリズムの表面でしっかり伝えられていたら、日本人が仏教とかお坊さんとかに対しての認識を改める大きな出来事になっていたような気がします。それは大変なご発言ですよ。

横田　松原先生は「仏教の正しい布教ができなかった」とおっしゃいましたけれども、

ご自身は決して怠慢だったわけではありません。講演に執筆に、あれほど努力をなさっていたかたはいません。その松原先生が八十半ばを超えた頃に「申し訳ない」と慚愧に堪えない思いを抱かれていたことを、私はいまでも忘れることができません。

ただ、お坊さんの中にはその松原先生の言葉をよしとしない人もございました。別に自分たちのせいじゃないだろうと。そういう声を聞くと、仏教界の闇というものを感じるんです。

五木　いや、松原先生のご発言は、宗教者として一番正しい、感動的な態度だと私は思いますよ。いいお話を伺いました。

◉難しいことを易しく語る

横田　それから松原先生は、深い教えを明解な言葉で示してくださるのが魅力でした。松原先生のお葬式の時、日蓮宗の酒井日慈管長が弔辞《ちょうじ》で披露してくださった

「ありがとうの一言が周りを明るくする。
おかげさまの一言が自分を明るくする。
ありがとう、おかげさま。これが仏教の心です」
——松原泰道師の言葉

んですが、初めて松原先生に出会った時、

「ありがとうの一言が周りを明るくする。

おかげさまの一言が自分を明るくする。

ありがとう、おかげさま。

これが南無の心です」

と言われたそうです。南無とは仏に帰依することで、仏教の心といっても良いでしょう。

酒井管長は、これほどまでに仏教の教えを明解に語れる人はいないと思って、宗派の違う松原先生をずっと慕い続けたとおっしゃっていました。こういうふうに説かれると非常に心に沁みると言いましょうか、おそらくブッダ自身も日常の言葉で地元の人たちに教えを伝えていたのだと思いますが、そんなところが松原先生の一番の魅力だと思っております。

五木　なるほど。私が普段から密かに思っていることを真っ正面から説いてくださっていて、とても心強いです。そういうふうに、難しいことを易しく語るというのはとても大事なことなんですが、残念なことにそれを軽く見る傾向がこの国にはあります。

いま出版界は不況で大変ですけれど、文庫とか新書とか千円以下で手軽に買って読んだら捨ててしまうようなものを新書文化なんていって非常に軽んずる人もいます。でも中に入っているものは、どんなに重厚で立派な革表紙の本であろうと新書であろうとペラペラの文庫であろうと一緒です。

僕は、新書のような軽くて人々が手に取りやすい形で大事なことを書くのはすごく重要なことだと思って、いま新書を盛んに推奨しているんですけれど、わかりやすいということを軽んじる気風はやっぱりあります。でも、難しいことを易しく語るというのは大事なことですよ。

法然《ほうねん》という人は、知恵第一の法然坊と言われた比叡山の大秀才ですけれども、市井に身を置いて、縁側に集まった人たちに話をしたり、問答をしたりしました。月経の時に神仏に詣でてもよろしいでしょうかとか、お酒は飲んでもいいでしょうかなどといった庶民の素朴な疑問にも丁寧に答えていました。「易行《いぎょう》」というふうに言いますが、法然の仕事は「大事なことを易しく」という言葉に尽きるような気がするんです。

横田　たしかにおっしゃる通りだと思います。

五木　そして弟子の親鸞《しんらん》は、法然が易しく説いたことを、さらに深く究めていく。易しく言うだけではなくて、信というものがなければだめなんだと考えたんですね。だから親鸞は深く。

のちに蓮如《れんにょ》という人が出てきました。蓮如は毀誉褒貶相半《きよほうへんあいなか》ばするというよりむしろ悪口を言われることが多い人なんですけれども（笑）、ちゃんと親鸞の教えを背負って念仏というものを日本中に広めていきました。

ですから蓮如の仕事は広くということです。法然、親鸞、蓮如の三代にわたる仕事は、「易しく、深く、広く」ということに尽きると私は考えてきました。ですから松原先生がなさったことにも非常に感銘を覚えます。

◉いま考えるべきはいかに死ぬかということ

横田　私が十五歳で松原先生に初めてお目にかかった時にいただいた言葉にも、五木さんがお話しになったことを感じます。

いま思い出しても冷や汗が出るんですが（笑）、私は先生に色紙を差し出して、仏教の教えを一言で言い表す言葉を書いてくださいとお願いしましてね。有名人にサインをねだるような感覚だったんですが、先生は快く応じてくださり、この言葉をくださったんです。

「花が咲いている
精いっぱい咲いている
私たちも
精いっぱい生きよう」

十五歳の少年に向けて、仏教の神髄をここまで平易に表現した言葉はないと思うんです。

五木　その言葉は以前、『致知』で拝見して私も大変感動しました。これも実にすばらしい言葉ですね。ただ、私のいまの実感はその逆でしてね。松原先生の言葉になぞらえて言うならこうなるんです。

「花が散っていく
精いっぱい散っていく
私たちも
精いっぱい散っていこう」

横田　ああ、精いっぱい散っていこうと。

五木　まあ根がひねくれ者ですから、そう考えるというのもあるんですが（笑）。これからは高齢化社会でしょう。日本ではこの先、何百万人という団塊の世代が一斉に七十五歳以上になり、連日嵐のように世を去っていくわけです。しかもいまは少子化の時代で、散っていく人のほうが大勢を占めるわけですから、死というものをどう受け止め、それにどう対処していくかという問題が、いまの日本人の一番大きな命題だと私は思っているんですよ。

横田　たしかにそれは大事な問題だと私も思います。

五木　花は散りますけれど、散る時には精いっぱい散っていくんだと思うんです。だから私たちも精いっぱい死んでいこうと（笑）。ちょっと情けない話ですけど、この年になって松原先生の言葉を読むと、こんなふうに感じるんですよ。

横田　ああ、なるほど。

五木　先ごろ、『君たちはどう生きるか』という本がコミックになって大ベストセラーになりましたけど、それどころじゃないだろうと（笑）。いま真剣に考えなければならないのは、いかに死ぬかがテーマだろうというのが率直な気持ちなんですね。どんな美しい花もいずれ散っていく。ならばどうすれば精いっぱい散っていけるのかと。

もちろん花には咲くと散るの両方があって、十五歳の少年はこれから精いっぱい咲いていかなければならない。けれども私のように八十代も後半になりますと、どうしても散っていくことのほうに関心が向いてしまいます。

いま真剣に考えなければならないのは、いかに死ぬかがテーマだろうというのが率直な気持ちなんです。どんな美しい花もいずれ散っていく。ならばどうすれば精いっぱい散っていけるのかと。

——五木

松原先生は、十五歳の横田少年には「精いっぱい咲きなさい」と説かれたけれども、私がもしいま松原先生にお目にかかったら、「花は散っていく。あなたも精いっぱい散りなさい」っておっしゃったかもしれませんね（笑）。

◉老いて初めてわかる苦しみ

五木　私が松原先生と対談をさせていただいた時、百一歳の先生は補聴器を使われていたのが印象に残っています。人間というのは、いくら花を咲かせようと頑張っても老いを避けることはできない。それは松原先生のような立派なかたでも例外ではないんです。耳が遠いぐらいのことは何でもないんですよ。それ以外のことがたくさんあるんです。人間八十過ぎて初めてわかるのは、身心の不自由さということです。親鸞にしても「最近はなにごとも忘れ候」というふうに嘆いているわけですから。

私は昔レーシングチームをつくってマカオのグランプリに出たりしたほど車に

凝っていたのですが、六十五歳で車の運転をやめました。なぜやめたかというと、以前は新幹線に乗って駅を通過する時にくっきりと見えていた標識が見えなくなったからなんです。

全盛期の長嶋茂雄選手は、ピッチャーがピュッと投げたボールが止まって見えるから、それをガーンと打てばいいんだって言っていましたけど（笑）、私も以前は新幹線の窓から駅の標識がピタッと止まって見えていた。ところがそれがサーッと流れていって見えなくなって、初めて自分の反射神経や動体視力や様々な肉体の衰えを痛感したんです。それで交通事故は人命に関わることだからと、やむなくハンドルを置いたのです。車を愛していた者として、あの時は人間をやめてしまうかのような情けない気持ちでしたね。

北方謙三という作家がいますけれど、彼も車の大ファンでマセラッティというスポーツカーに乗っていました。彼も運転をやめたんですが、その時に彼らしく愛車のタイヤに大事にしていた一番上等なワインをかけて別れたと言っていました。ハードボイルド作家だから言うことまでキザなんですけどね（笑）。

横田　人間は老いるものだということを、身を以てご体験なさったわけですね。

五木　特に七十を過ぎるとありとあらゆる不自由、苦痛に見舞われるようになります。どれだけ不自由かと言いますと、まず目が不自由になります。つぎに歯が不自由になります。片足立ちができなくなりますし、真っ直ぐ歩いているつもりでも自然とふらつきます。立ったり座ったりの動作すらままならなくなるのです。

私は最近医者から変形性股関節症と言われたんですが、そうなるとじっと座ることも辛くなってくるんです。とにかく様々なフィジカルな苦が一挙に押し寄せてきて、それは大変なものですよ。こうした衰えの大変さというのは、やっぱり体験しないとわかりません。

横田　五木さんは若々しくて、とてもそんなふうには見えませんけれども（笑）。

五木　いや、無理してるんです（笑）。歩く時でも、足を引きずると周りの人に気を使わせてしまうだろうと思いますから、頑張ってふつうに歩いているように見せているだけなんです。そう考えると、松原先生が百歳を超えてなお元気に活動を続けられていたというのは、超人としか言いようがないですね。

◉百人のうちの九十九人は塵芥と一緒に流れていく

横田　松原先生は、体は衰えても頭の働きはますますはっきりしてくるとおっしゃっていました。晩年になっても、考える力、ものを見る力はいまが一番冴えているのだと。

五木　そういう話を聞くととても感動するんですが、一方で非常に苦しい気持ちにもなるんです。

いま、格差っていうことが盛んに言われているでしょう。それは概ね経済的な格差のことですけれども、他に身体的な格差、精神的な格差、知能の格差というのもある。松原先生のような超人的なかたは稀《まれ》で、大半の人は少しずつ呆けるんです。

私は『日刊ゲンダイ』というタブロイド紙に「流されゆく日々」というコラムを四十一年続けてきました。なぜ「流されゆく日々」かと言いますと、それをスタートする時に石川達三さんという先輩作家が、雑誌に「流れゆく日々」という連載をなさっていた。世の中というのはどんどん移り変わっていくけれども、自分は岩のように足を踏ん張って流されないぞという強い意志の表現なのです。

私はその姿勢に感動する一方、石川さんにはそれができるだろうが、しかし百人のうちの九十九人までは塵芥と一緒に流されていく。だったら自分もみんなと一緒に流されていこうということで「流されゆく日々」というタイトルにしたんです。だから自分を低くするというか、いつも大勢の人のほうに身を置かなきゃいけないと私は思っているんです。

横田　なるほど、ご自分も流されてゆこうと。

五木　いま子供を持つ親で大谷翔平選手の活躍や少年棋士の藤井聡太君の活躍を見て羨ましいと思わない人はいないと思いますよ。もちろんふつうに育ってくれればそれでも十分なんですが、子供というのはなかなか難しい。道に外れた子供を持つ親、あるいは身体的障碍《しょうがい》を持った子供の親たちにしてみれば、何とも言えない気持ちだと思います。私も生まれながらにして走るのが速いとか歌が上手《うま》いという人には憧れます。これも一つの格差でしょう。

ですから松原先生のすばらしいご活躍を聞いて感動する一方で、その後ろに何千、何万もの呆けた人たちがいるということをどうしても考えてしまうんですね。

松原先生もきっとそのことはお考えになっていたと思うんです。自分はありがたくも頭脳の衰えに見舞われずにすんだと。だから恵まれた自分の責務を果たさなければならんとお思いになって、説法を続けられたのではないでしょうか。長く生きて長く語ることで、松原先生は大勢の側に身を置くという仏教の本質を実行なさったんだと思うんですよ。

横田　ああ、なるほど。たしかにそうですね。

第二章

生老病痴の四苦を生きる

——人生百年時代の生き方

◉死は苦ではなく、苦からの解放なのではないか

五木　仏教では「生老病死《しょうろうびょうし》」と言いますけれども、これは果たして四苦かというような問題についてはちょっと考えるところがあります。死は苦ではないような気がするんです。死は瞬間に終わるわけですから、むしろ苦からの解放ではないかと。

先ほども言いましたが、七十、八十、九十と歳を重ねると様々な苦が一挙に押し寄せてきます。体の衰えだけじゃなくて知能の衰えもある。とにかく老いの中でも一番辛いのが、意識が混濁《こんだく》してくることでしてね。私は「生老病痴《ち》」と言っているんですが、痴の苦しみは言葉に表しようがないと思います。そうした苦からの解放が死だと考えると、果たして死は苦なのかどうか。

いま高齢者で苦痛を抱えないで生きている人はいません。私は八十を過ぎて脚の痛みに悩まされるようになったんですが、自分がそうなってから街で周りを見

回すと、こんなに足腰の不自由な人が多かったのかと愕然とするんですよ。自分が元気な時にはほとんど関心がなかったのですが、いま膝や腰の具合が悪くて悩んでいる人の数は二千六百万人にも上るそうですね。国民の四分の一にも相当する人々がその苦痛に悩んでいる。あるいはがんの痛みに耐えかねて、死にたい、死にたい、殺してくれと絶叫している人もいっぱいいる。そういうかたがたに対して、いまの医学は無力すぎると思わずにはいられません。

横田　私もそれは感じています。

五木　入院している人に聞きますと、何が大変って、水分を取ると足がむくんだり、夜中に寝汗をかいて浴衣を何回も着替えなければいけないんだそうですね。その上絶え間ない微熱と頭重、目の中に蚊のような黒いものがチラつく飛蚊症《ひぶんしょう》、それから耳鳴り。年をとると誰もがそういう様々な苦痛に悩まされることになる。皆我慢して言わないから、わからないでしょうけれどもね。

医学の根本はそういう痛み、苦しみを取ることだと私は思います。脳とか心臓とか分子生物学とか、ノーベル賞の対象になるような高度な分野は脚光を浴びるんですけど、日々様々な苦痛に悩まされている老いた人々を現代医学はもっと楽にしてあげてほしい。これは私自身の願いでもあるんです。

宗教には抜苦与楽《ばっくよらく》という役割がありますね。苦を抜いて、楽しみや喜びを与える。あるいは生きがいを与えると言ってもいいでしょう。体の苦しみと心の苦しみを楽にする。これは宗教の大きな働きだと思います。キリストの時代にも信仰と痛みを取ることが重なっていましたね。手を触れて足の萎《な》えたる者を立たせるとか。だけど、それに対していまの医学も科学も宗教もほとんど無力であるという感じを私は持っていて、年々その感じが深まっていくばかりなんですよ。

遠大な一人の悟りを求めることも大事でしょうが、それよりも抜苦与楽という問題に対して宗教がどう答えていくのか。

横田　たしかにそれは大きな問題です。五木さんは、死そのものは苦ではなく、むしろ苦からの解放であろうとおっしゃいましたね。

五木　私は旅立ちだと思いますけどね。

横田　私どももよくお世話になる鈴木秀子先生も死は祝福であるということを言われ

ています。私もなるほどなぁと感銘を受けたんですけれども。ただ、それ以前にそうした体や心の苦しみをどうするかという問題がありますね。

◉ブッダの時代には想定されていなかった認知症の問題

横田　老いの苦しみの一つとして痴の問題についてお話しされましたけれども、私もこれからは認知症が大変大きな問題になってくると思っています。松原先生のように最後まで聡明なかたもあれば、高僧と言われていても晩年には話も通じなくなってくることもあります。この違いは一体何であろうかと考えるんです。

ある精神科医の人から、禅宗のお坊さんは認知症にならないのかと聞かれて、いや、それに対して、そうとも言いがたく、認知症のかたも決していないわけではないと思いますと答えました。

この間ある東洋医学の先生にそんなお話をしたら、それは別に悪いことではないのではないかとおっしゃるんです。聡明でハッキリしているだけがいいという考えのほうが問題があるのではないかと。たしかにそれも一理あるのですが、そう言われても簡単に割り切れないのがつらいところでございまして（笑）。できれば松原先生のように最後まで聡明で活躍したい（笑）。五木さんはいまも大変聡明でいらっしゃいますけれども。

五木　いやいや、とんでもない。私なんかもう原稿書く時に、この字はこうだったかなぁと電子辞書のお世話になることが多くて（笑）。

大事なのは、そういうものをどこまで自覚していけるかということですね。自分がどれほど知的に退化していっているかをきちっと計測できるかどうか。さっきの車の免許のこともそうですけど。

でも、それを書いた時にバッシングを受けましてね。「あなたは都会に住んでいるから地下鉄もバスもタクシーもある。自分たちは地方に住んでいて軽自動車に乗らなければ診療所にも行けないし、コンビニにも行けない。杖をついてヨロヨロしながら駐車場まで歩いていって、軽自動車に乗って走っていかなければ生きていけないんだ。だから九十歳でまだハンドルを握っている」と。言われてみればたしかにそうなんですよ。こんなところにも格差の問題があるんです。

横田 たしかに都会にいればどこに行くのも不自由はないですけれど、認知症の問題は都会も地方も関係ないですからね。人類が直面する大きな問題だと思います。

五木 軽い認知症は神からの賜り物ではないかとおっしゃっている医師もおられます。それによって、例えばがん患者さんの苦痛が和らぐこともあるんだと。

ただ、認知症に関しては多くの人が誤解されているけれど、あれはただボーッと病み耄《ほう》けていくばかりではなくて、凶暴になるケースも多いんです。介護している人に殴りかかったり、自分の糞便を壁に塗り込んだり、夜中に騒いだり徘徊したりと、ありとあらゆる非人間的な行為に直結するケースもあります。

だからベルトでベッドや車椅子に縛り付けなければならない。そうしないと暴れて落ちてしまう。すると、すぐに骨折されるらしいですね。骨折すると家族から「病院で虐待を受けた」と疑われて、厚労省から認可を取り消されてしまう場合もある。だから仕方なく患者さんを保護するために革のベルトで拘束するんだというんです。

しかし、拘束されて痛みを感じ、叫びながら生きていくという晩年からどう解放してあげるのかといえば、ひょっとしたらそれが死というものなのではないのかと。死が訪れれば苦しみから解放されて、新しく旅立つことができるわけですから。

横田　そういう状況でどうすればいいかはさすがのブッダも説いていませんね。当時は考えられないことだったでしょうから。だから私も、生老病死に加えていまは認知症の苦しみが加わっていると言うんですが……。

五木　本人も苦しいでしょうけれど、介護する人は本当に大変ですね。「介護している身内を殺したいと思ったことがありますか？」というアンケートに、三人に一人は「ある」と答えている。こういう現実をしっかり見なければならないと思うのです。

横田　そうなんですね。

五木　マイナス面だけを見て申し訳ないような気がするのですが、テレビや新聞では、高齢になっても元気に活動している人をクローズアップしますからね。そういう人は例外で、そういうのを見るにつけ、ますます自分が情けなくなるんです。あんな人もいるのにって。でも、実際は十人のうち九人はそうではないということは認識しておくべきでしょう。あんな元気な人もいるのにどうして自分は、と考えると本当に辛い。

横田　たしかにこれは、深刻な問題です。

一概には言えませんが、晩年になると好奇心とか新しいことを嫌う、変化を嫌う、受け入れることをあまりしない、心を閉ざしている。そういうかたが認知症になるのが多いのかなぁと思います。逆に、いまの五木さんのお話を伺っていても、あるいは松原先生もそうですけれども、長生きして頭が明晰《めいせき》な人は世の中の動きに対して敏感ですね。

五木　孤独の境地で静かに書斎に籠《こ》もって思索を深めていく晩年もあるかもしれないけども、できるだけ市井に出ていって雑踏の中で様々な人と接する、会話するということはすごく大事だと思います。

私は若い頃に比べると、いまは割合ラジオとかテレビの出演を断らないんです孤独の境地で静かに書斎に籠もって思索を深めていく晩年もあるかもしれないけども、できるだけ市井に出ていって雑踏の中で様々な人と接する、会話するということはすごく大事だと思います。

——五木

よ。ある線は引いていますけれども、できるだけ出るようにしています。今日みたいな機会があると、個人教授をただで受けてるようなものですからね、もうこんなに幸せなことはない。学ぶということはすごく大事です。

その学ぶのを本から学ぶのではなくて人から学ぶ。私は常に耳学問で今日までやってきた人間ですが、実はそれをすごく自分の誇りにしています。世間という大学、天という大学を出ていると思っているんです。

◉百年人生と下山の思想

横田　そういう五木さんを前に申し上げるのもなんですが、人生を百年と考えますと、私もこの頃、人生の下り坂に差しかかったことを実感することがあるんです。

五木　えっ、全然そういうふうには見えませんけれども（笑）。失礼ですが、横田さんはいまおいくつなんですか。

横田　五十五になります。

五木　うーん、まさに人生の盛りじゃありませんか（笑）。

横田　とはいえ、道元禅師《どうげんぜんじ》は五十三で亡くなっていますからね。

私はその道元禅師の、坐禅は安楽の法門であるという教えを拠《よ》り所に、これまで一所懸命坐禅に取り組んでまいりましたし、いまも修行道場で二十代の修行僧たちと一緒に坐っています。若い修行僧と同じことをやっていますし、同じことができるんですけれども、この頃は終わった後で疲れが出ることもあります。一週間坐禅だけをする時もあるんですが、終わった後でガタガタッと体が弱ってしまったり、だんだん若い人たちについていけなくなりつつあるのを痛感するんです。

これではいけないと思いましてね。いろいろと試行錯誤をして、去年から今年にかけて自分の坐禅を百八十度変えたんです。

五木　ほう、どのように変えられたのでしょう。

横田　これまでは意志の力で坐禅をしていました。腰をしっかり立てたり、吐く息を長くしたり、精神を丹田に集中させたり、いろんなことを意識しながらやってきたんです。それで一つのものを得たと思っていたんですけれども、しかしだんだんと凝りになったり疲れになったりするようになりました。これでは何をやっているかわからないなと思いまして、自分が意図的にやろうとしていた腰を立てる、吐く息を長くする、精神を集中させるといったことを思い切って全部やめてみました。これをやってると堂々巡りだと。

五木　ああ、なるほど。

横田　そうやって全部手放してただ坐っていると、心の内から喜びが湧き上がってきたのです。それまで奥歯を噛み締めて、険しい形相で坐禅をしてきましたが、ニコニコと微笑みがこみ上げてきました。私はそこで、すべてを手放して微笑みながら坐る坐禅というのもあるのではないかと発見しました。

　これが面白いなぁと思いましてですね。おそらくこれから徐々に体力的には下っていくんでしょうけれども、反面、その中身が深まるものもあるのではないかなと思っているんです。

五木　それはまさに自然法爾《じねんほうに》ということですね。法爾というのは、楽しみであり、喜全部手放してただ坐っていると、心の内から喜びが湧き上がってきたのです。それまで奥歯を噛み締めて、険しい形相で坐禅をしてきましたが、ニコニコと微笑みがこみ上げてきました。私はそこで、すべてを手放して微笑みながら坐る坐禅というのもあるのではないかと発見しました。

――横田

びであると思うんです。

横田　そこまでいっているかどうかはまだわからないのですが。ただ、松原先生には「精いっぱい生きよう」と言われましたけれども、その「精いっぱい」に、「楽しんで、喜んで」が加わるような心境になってまいりました。そして、人生の下りには下りの景色の味わいがあるのではないかと思い始めたところです。

五木　私は昔から「下山の思想」ということを盛んに言ってきたんですけど、山を登っていく時の姿勢と、下りていく時の姿勢では重心のかけ方も違いますし、見ている世界も違いますよね。必死で登坂している時は頂上を見ているだけで、他のことは考えられませんけれども、下山は一歩一歩踏みしめながら、優雅《ゆうが》に下っていける。昔のことに思いを馳せることもできるし、遠くを眺めて、あぁ町がある、村がある、海が美しいな、と感動しながら下りていくこともできる。下山には、登りの時には味わえない喜びもあるんです。

横田　今後は、そういうところにもっと注目していく必要がありますね。

五木　明治の頃の日本人の平均寿命は四十代前半でした。ところがいまは男女ともに平均寿命が八十を超え、人生百年時代とも言われている。そうなると、思想も哲学も宗教も文化も、人生百年時代に相応《ふさわ》しいものが必要になってきます。

例えば、これまでの芸術作品というのは、人生五十年を対象にするものが大半でした。ダ・ヴィンチが創った作品なんかもそうですね。しかしこれからのアーティストは、老いた人々の姿を刻んでいく必要があるし、そこから新たに始まる世界があるのではないか。

それと、地球上の人口は、しばらく前は五十億人くらいだったと思うんですが、あと何十年かで百億人ちかくになるそうですね。先進諸国の人口が少子化で激減している一方、途上国では激増しているわけです。

つまり我われはいま、百年人生と百億人口という、かつてない二つの大きな問題を目の当たりにしているわけです。

◉八十歳からの二十年間をいかに生きるか

五木　戦後、死を考えるブームというのが二十年ぐらいごとに繰り返し波のようにあったんです。上智大学のアルフォンス・ディーケン先生の死生学とか、エリザベス・キューブラー＝ロスの『死ぬ瞬間』という本が話題になったり、あるいは吉本隆明が『死の位相学』というものを書いたり。けれどそれは思想あるいは哲学としての死を取り扱ったブームなんですね。ところがいま、われわれが直面している問題はリアルな問題として死が出てくるわけです。

先ほど火葬の話をなさっていましたけれど、私が住んでいる横浜には火葬場が五つあるそうです。一つは公立で、あとの四つは私立とか。かつては一日に平均して二十数体ぐらいをお送りしていたそうです。亡くなる人が増えたいまはいろいろ努力なさっているそうですが、全く足りないという話です。それで、火葬の日まで一週間から十日くらい遺体を安置しておくためのホテルができたらしい。「ふるさと火葬」というのがあるそうですね。東京の羽田から石川県の小松飛行場まで飛行機でご遺体を送って、飛行場近くの小松市と加賀市の火葬場で。

横田　ご遺体を送るわけですか？

五木　ええ。費用は十五万だそうですよ。十五万かけて送って向こうで火葬して遺骨にしてこちらへ送り返してくる。

私は横浜の火葬業者のかたに「火葬場をどんどん増やして事業として成立させればいいのに」と言ったのですが、それはできないと。なぜできないのかというと、たしかにこれから二十年ぐらいの間は団塊の世代が次々に死にますから需要はあるけれど、その人たちが一斉に去っていった後に来るのは少子化ですから、火葬場なんてガラガラになってしまうと。

横田　なるほど、なるほど。

五木　そういうリアルな問題として考えますと、いま私たちはかつてなかったようなとんでもない時代に直面しているんですね。仏教も他の宗教も、これまでの人生観や死生観ではとても対処できないような、人類の歴史の中で初めて直面する大転換期に差し掛かっています。私たちにはその自覚が足りないんじゃないかと心配しているのですが、これがいまの大きな問題だと思うところがあります。

人生を四つに分けて青春、朱夏《しゅか》、白秋《はくしゅう》、玄冬《げんとう》といいますけれど、これからは八十歳からの二十年間をどういうふうに生きていくのかが大問題ですよね。私は、「『君たちはどう生きるか』なんていうのはご隠居《いんきょ》さんの思想だ。『俺たちはどう死ぬか』という問題を考えなきゃいけない」と憎まれ口を利《き》いているのですが(笑)。

私も百歳まであと十数年ですけれど、どうやって生きていこうかと考えているところです。ただし、一寸先のことはわかりませんからね。こんなことを言っていて二日後にはおさらばしているかもしれないのですが、ある意味では、これからどういう世界が始まるのかと非常に期待もしていますし、ワクワクもしているんですよ。

◉宗教の本質は始祖が世を去った年齢と深く関係している

五木　こうした社会の実情を見ていると、いま仏教への関心が高まっているのがよくわかりますね。

横田　と、おっしゃいますと。

五木　これは私の勝手な解釈ですが、宗教の始祖が世を去った年齢と、その宗教の本質には深い関係があると感じています。

世界の三大宗教と並び称せられるキリスト教とイスラム教と仏教を比較してみると、イエス・キリストは三十数歳で復活しましたから、キリスト教には青春の薫《かお》りがある。理想があり、夢があり、未来があり、愛を語り、感動的でヒューマンな若々しさがありますよね。ですから日本では、キリスト教徒でもない人が教会で結婚式を挙げたがるし、明治という若々しい時代には、多くのインテリがキリスト教の教会に通いました。

開祖のムハンマドが六十を過ぎて亡くなったイスラム教は、社会人の宗教と言っていいかもしれません。クルアーンやハディースなどの教えの中で生活の規範から始まって、人とのつき合い方、経済的な処し方とか、実社会でのあらゆる心得を語っています。それは法律から経済学、ビジネスまですべてを包含した広大な社会人の宗教という印象が強い。そう考えると、いま世界で非常に伸びつつある理由がよくわかりますね。

では、ブッダは何歳で亡くなったか。八十ですね。当時のインドの平均寿命が三十前ですから、八十まで生きたということは、それだけでもう奇跡と言っていい。夏目漱石がロンドンに留学した時の日本人の平均寿命が四十三・六歳。イギリス人の平均寿命は四十六歳、アメリカ人が四十七歳でした。いま日本人の平均寿命は男女ともに八十歳を超えましたが、ブッダはあの時代に八十歳まで生きたわけですから。

ブッダも晩年はおそらく自分の精神の衰えや肉体の苦痛を嫌というほど味わったことでしょうね。それを思うと、ある年齢を超えた人たちにとってブッダの思想は非常に大事なものがある。

今後、全世界が高年齢化していきます。アジアでは日本が先端を切っていますけれど、中国や韓国やインドもこれから高齢化していく。そうした中、仏教は他の宗教に比べて最も高齢を迎えた人たちにとって大事なことを語っていると思うのです。未来を語ることも大事ですが、死の覚悟をちゃんと見据えることは非常に大事ですからね。

私が平成二十三年に『下山の思想』という本を書いた時、いろんな批判がありました。でも、いつまでも山を登り続けていけるわけにはいきません。あるところまで登ったら下山をして、そのあとにまた新たな登山をするという考え方も大事だと思うのです。その点で、仏教は成熟した人間の宗教だと思いますね。

◉梵天勧請こそが仏教の始まりである

横田　最近私は仏教の始まりとは何であろうかということをよく考えます。一般にはブッダが悟りを開いたのが仏教の始まりと考えられることが多いと思います。しかし悟りを開いたというだけで本当に仏教が興ったのだろうかと。インドにはおそらく似たような聖者なんてたくさんいたと思うのですよ。

五木　たしかに釈迦以外にも多数のブッダがいたと言われていますね。

横田　はい。経典では梵天《ぼんてん》という神様が出てきて、お釈迦様が悟った仏教の法を広く説くことを勧めるんです。

五木　有名な梵天勧請ですね。

横田　そうです。しかし、お釈迦様は最初ためらうんです。自分の悟り得た真理は世間の欲にまみれた人たちには理解されないであろうと思ったからです。でも、梵天が三回繰り返してお願いをすると、お釈迦様はそこで初めてこの世界の人たちに目を向けて、憐《あわ》れみの心を起こして法を説こうとされた。それが仏教の始まりだと私は見たいのです。お釈迦様のご生涯というのは、文字通り、法を説くことを最後まで貫いていくわけですから、やはりそれを決意した最初が仏教の始まりであろうと。

五木　おっしゃる通りでしょう。

横田　この頃は「遊行《ゆぎょう》」という言葉もよく使われますが、それは単にぶらぶら歩くのではなくて、少しでも多くの人に教えを説きたい、語っていきたい、伝えていきたいという明確な思いで歩くわけですね。その営みがブッダの生涯を貫いていました。

ですから仏教の原点は、あの梵天勧請にあるのではないかと。最初に人々を見て憐れみの心を起こして立ち上がったところから来ていると思うんです。その意味で、仏教の根本には慈悲とか憐れみとか思いやる気持ちがある。私はブッダの歩いた道をそのように受け止めているところなんであります。それが仏教の根本精神になっているといいましょうか。

五木　いまのお話には一二〇%共感しますね。私が普段考えていることをそっくりおっしゃっていただいたような気がしました。

結局、自分が法を悟っても、そのまま一人で静かな境地にいるのでは仏教というものは成り立たなかったと思うんですよ。有名な『十牛図《じゅうぎゅうず》』でも、最後は入《にっ》鄽垂手《てんすいしゅ》といって人々に教えを説くために世俗へ出て行く様子が描かれていますね。

この間、札幌でアイヌ文化を研究する大学生たちの発表会というかフェスタを見たんです。様々なアイヌ芸能を実演して紹介したりするのですが、なかなかよくて非常に感心しました。ただ、一つだけ不満を覚えたのは会場の後ろに空席があったことです。おそらく学生たちは、フェスタで披露するアイヌ芸能の稽古に夢中で、集客のことまで考えが回らなかったのでしょう。だから、学芸会に父兄が集まるのと同じように、アイヌ芸能の関係者とか学園の関係者といった人たちだけしか集まらない。

彼らに話を聴いてみると、アイヌ文化というのはやはり偏見を持たれているところがあって、人がなかなか集まらないと言うんです。でも当日の地元の新聞に一行の記事も載っていないのですから、集客のために動かなかったということでしょう。新聞社に行って文化部の記者に膝詰め談判して、こういうことやりますから一行でも記事にしてくださいと頑張ってみるとか、街頭でチラシを配って人を集めるとか、できることはいくらでもあったはずです。

真面目ないい発表なのですが、どこか足りないところがあるのです。縁のある人だけを集めている。それだけでは足りないんです。「会場が超満員になって消防署から叱られるぐらいのお客さんを集めることもあなたたちの仕事なのだから、そこをちゃんと考えないとだめだ」と関係者のかたたちには言ったんですけれど。

そんなことを考えると、仏教には二つの面があると思うんです。自分が悟るのはもちろん大事ですけれど、それだけでは仏教は成り立たない。やはり縁なき衆生を済度《さいど》するという使命感というものがなければいけません。

横田　そうだと思います。

五木　その意味では、梵天勧請が仏教の出発点だというのはおっしゃる通りでしょう。つまり個人の悟りだけでなく、仏教の教えがそこから出発するということですね。

横田　はい。

五木　それは非常に大事なところだと思います。

横田　その言葉を聞いただけで、今日は来た甲斐がありました（笑）。

五木　いやいや。いくらいいものでも関係者や親兄弟だけを集めて小さくやっているのはもったいない。一般の人たちに呼びかけなければだめなんですよ。

横田　ブッダは縁のあるなしを問わず生涯説き続けたわけですからね。

◉縁なき人に縁を結んでいくのが仏教の根本精神

五木　梵天勧請でちょっと気になっているのですが、梵天というのはバラモンの神様ですよね。

横田　はい、そうです。

五木　仏教はバラモンの教えの中の内部改革、革新運動として起こったという説がありますけれど、仏教の起源に梵天が関わっているということはその説とつながっていると考えられますね。

横田　つながっていますね。

五木　そこが非常に興味深いところですね。根本の仏教の発生そのものに前の世代のバラモンの教えがつながっている。これはキリスト教がユダヤ教とつながっている、旧約の世界が新約の世界とつながっているのと同じような感じがします。前の世代の教えに敵対して一派を打ち立てたというわけではない。

横田　ええ、滅ぼしたのではなくて上乗せをする形で説かれたんです。

五木　上乗せしたわけですね。私もそう思います。いままでのイメージだと、釈迦は内部革新者のような捉えられ方をしていた感じですが、そうではない。これはイエスも同じで、ユダヤ教の教えに反抗したためにユダヤ教の人たちから処刑されたような俗説がありますが、そうじゃないって思うんです。

横田　私も同意見です。俗説といえば「縁なき衆生は度し難し」という言葉があって、ブッダの言葉だというのですが、これは根拠があるのでしょうか。

五木　いや、それはあとの人が作った言葉ですよ。

横田　私もそう思います。松原泰道先生も、絶対に釈迦はそんなことは言っていないとおっしゃっていました。

五木　そうでしょう。縁なき衆生こそ済度するのが仏教の精神ですよ。

横田　円覚寺にもおられた夢窓国師は「縁のなき人に縁を結んでいくのがわれわれの務めだ」と、はっきり言っておられます。「縁なき人に新たな善き縁を結ぶように努力をするために私たちはある」と。

夢窓国師は寺の役割には三つあると言われています。第一は教えを説くこと、第二は人を集めること、第三は環境を整えること、と。この言葉に私は感銘を受けたのです。教えを説くということを第一にしているのは当然ですけれども、二番目に人を集めるということが大事だと。五木さんがいみじくも言われたように、やはり多くの人がお寺に集まるようにしなくてはいけないんですね。

ところがわれわれの禅宗の世界では、いまだに黙っているほうに値打ちがあると見る傾向があります。私なども「ベラベラ喋りすぎる」と言われるのですが、むしろ喋ることに価値があると私は思っています。

五木　いや、その通りだと思いますね。言葉で喋ることに価値があるんです。

横田　でも、沈黙をよしとするところがどうも禅には強い。だから人が来なくても孤高を保つのが尊いのであって、人を集めるのは俗っぽいというような言い方をすることが多くあります。しかし夢窓国師の言葉を知って、一人でも多くの人を集めるというのは縁のない人にもお寺に来てもらって仏教の根本精神に触れてもらいたいという心が大事じゃないかと思ったのです。

五木　白隠禅師なんかも意外に批判されますね。その理由はおそらく、仮名文字と漢文の両方を使い分けて『遠羅天釜《おらてがま》』などといった俗な物語を書いたりされたからでしょう。でも、いまのお話でいえば非常に進んだ人だったと言えると思います。

横田　ああ、そうなんです。そういうものを伝統の世界では低く見る考えがあるのですが、私は逆だと思います。

五木　私は『夜船閑話《やせんかんな》』を愛読しているのですが、白隠禅師の本を読んでいると言うと「それは仮名文字のほうですか漢文のほうですか」とよく聞かれるのですよ。

横田　『夜船閑話』も一般には大変よく読まれる書物ですね。でも、白隠の研究会から講演を頼まれた時に以前の講演テーマの一覧を見せてもらったら、『夜船閑話』はやっていませんでした。なぜやらないのかと聞いたら言葉を濁すのですが、要は、ああいう健康法のようなものは安易だと思っているわけです。

五木　そうなんですよねぇ。「入鄽垂手《にってんすいしゅ》」の作品だのに。

横田　それで私はそれではおもしろくないと思って「こういうものの中にこそ人間の真理があるんだと思います。よし！　白隠と健康をテーマに講演をしよう」と言ったのです（笑）。健康法というと禅の世界ではどうも本筋から外れるというような見方なんです。どうも私は気にいらないのですけれど。

五木　あれはどうしてなのでしょうねぇ。私は白隠さんがとても好きなんです。俗語で書かれた『遠羅天釜』とか『夜船閑話』は片手間の仕事だと言う人がいますが、そうではないと思う。これらも白隠禅師のとても大事な仕事でしょう。

でも、こうしたものを軽く見る風潮は禅宗だけではなくてどこでもあります。真宗の世界でも親鸞の書いた『教行信証《きょうぎょうしんしょう》』は大事にされて誰もが尊敬しますけれど、弟子が書いた『歎異抄《たんにしょう》』は通俗的なものだからだめだという見方が暗黙のうちにありますね。

横田　そういう中にこそ本当に言いたいところが伝わっているのではないかと私は思います。

五木　真宗には「真俗二諦」という言葉があります。「額に王法、心に仏法」と言ったりするのですが、時と場合で法を使い分けるという考え方です。でも、これに対して批判も多いんです。ピュアじゃないと。

この「額に王法、心に仏法」というのはこういうことでしょうか。昔、皇居前広場のあたりに市電が走っていました。宮城前を通る時は、客は全員立ち上がって礼をしなければいけなかったそうです。それであるピュアな真宗の門徒が悩んでしまった。立ち上がって礼をしなければ憲兵から大目玉を食らって捕まるかもしれない。でも自分は阿弥陀如来が唯一の信仰の対象である。さて、どうしたものか、と教団に相談をしたら、真俗二諦なのだから頭を下げればいいじゃないかと言われたという。

それに対して非常に世俗的で純粋ではないという批判があるのですが、実際にその場にいたらどうされますか？　立ち上がって最敬礼しなければ非国民と非難されて捕まるかもしれない。となれば、頭を下げるのは形の上のことだから、突っ張って検挙されるよりはいいと俗な私などは思うのですが。

横田　たしかに難しいところですね（笑）。

◉仏教の本質は人間の生き方を追求していくところにある

横田　ブッダは晩年、自分の体が不自由になってきたことを吐露していますね。「古い車は革紐の助けによってやっと動くことができるように、私の身体も革紐の助けによってやっと動いているようなものだ」という有名な言葉があります。これは実感でしょうね。それから、自分の体は古い馬車みたいにガタガタだとか、背中が痛いとか、そういうことも書かれています。

五木　最後の旅でブッダは鍛冶屋のチュンダ（純陀）のもてなしを受けたあと、食中毒を起こしますね。その時に弟子に「水が飲みたい」と言った。私はこの言葉がとても印象深いんです。その「水が飲みたい」という言葉に、聖なる大ブッダの人間味を感じるのです。

横田　その時にブッダは食事を出したチュンダに対して「人は死ぬんだ。生まれたから死ぬのであって、あなたが原因を作ったわけではない」と言いますね。それどころか、むしろ最高の供養であったというようなことを言われます。自分が死んだあとに鍛冶屋が責められないように配慮する気持ちがあったのでしょう。

五木　そうでしょうね。

横田　私はこういうところにブッダの人間味を感じます。五木さんが言われたように、ブッダは人間なんですね。これはキリスト教の神の概念と相反するところです。

仏教も歴史の中では次第にブッダを崇めるようになって、その存在を神格化するために例えば白い象に乗ってやって来たといった物語がついてきます。大乗仏教になるとさらに物語が増えていって、人間よりも高いところに置いて拝んでいこうとするのですけれど、元来ブッダは真理を実現した人、梵語ではスガータと言い、それを訳して善逝と言いますが、最高の生き方をした人であり幸せに生きた人なのです。だからブッダはあくまでも「人」であり、ブッダの教えは「人の教え」だというのが仏教の根本なのだと思います。

だからブッダは一人の人間として「水を飲みたい」と言い、「お腹が痛む」と言いながら歩いていた。それが人間の尊さです。そんな人間の生き方を追求していくことこそが仏教だと思うんです。

五木　そう言っていただくと私も自分の直観というのが間違っていなかったと思って心強いですね。

松原先生も晩年はお元気だったけれど耳が遠くてね。それでも最後まで喫茶店などで若い人たちを相手に説法や問答をされておられたそうです。こうしたことが本当に大事なことだと思うのです。

横田　ええ、本当に。ブッダの時代には、お坊さんたちは皆、「三か月は寺にいて修行をしなさい。あとの九か月は教えを説いて回りなさい」と教えられていました。これを夢窓国師が実践されるんです。それで京都に行ったり鎌倉に行ったり、いろんな所を転々とするものですから、ある人が「あなたはなぜそんなに落ち着きがないのか」と批判するんです。これもさっきの話と同じで、ひと処にずっといて修行を続けるほうが値打ちがあると考えるわけです。

するとと夢窓国師は「お釈迦様はひと処にいるのは三月までだと言っている。それ以外は各弟子たちも自分の持てる力量でもって教えを説いて回れと教えている」と反論するんです。これがブッダの根本の考え方で、仏弟子に対してもそう教えていましたから、ご自身も最後まで遊行を続けたわけですね。

それでブッダは体がガタガタになりながらも旅を続けて、行く先々で法を説き、最後は食中毒を起こしてクシナガラで病の床に伏します。するとそこにスバッダ（須跋陀）というバラモンの人が訪ねてきます。応対したアーナンダ（阿難）はブッダが死の床にあることを告げて面会を断りますが、それがもれ聞こえてくるとブッダはアーナンダを呼んで「道を求めて来た者を妨げてはならない」と言います。

その時にブッダは、「自分は二十九歳で出家して善を求めて出家してから五十年、この真実の道のみを歩んできた。これ以外に道の人はいない」と「道の人」という言い方をしています。ここでも「人」なんですね。道を実践した人であると。

五木　なるほど。

横田　この善というのは、単なるバラモンの哲学ではなくて、生きた人間としての生き方の上に表れているものだということでしょう。それを自分は実践して追求してきたのだという。この一言がブッダの生涯を言い尽くしているのではないかと私は思っています。

◉ブッダの足跡をたどってみてわかってきたこと

五木　ブッダは最後、ガンジス川を渡って行脚してクシナガラの山中で行き倒れになりますね。

横田　ええ。ほんとに行き倒れですね、あれは。涅槃図《ねはんず》のような立派な絵になっていますけれど、実際は年老いた老人が道端で亡くなるという姿だったでしょう。

五木　私は仕事とプライベートでインドに三回行っています。瀬戸内寂聴さんが「人にはインドに呼ばれる人と呼ばれない人とがいる。行きたくないと思っても、二度とこんなところ来るもんかと思っても、どういうわけか行かざるを得なくなる人と、行きたい行きたいと思いながら一生行けない人がいる」とよく言われていましたが、私はどうも呼ばれたみたいです（笑）。

それでブッダの足跡を訪ねる旅をしたのですが、最後の旅の途上、ブッダはヴェーサーリーという町でマンゴー園の女主人の招待に応じますね。私は実際にインドのマンゴー園に行ってみて、びっくりしました。マンゴーというのはスイカみたいに畑の上に転がっているものだと思っていたのですが（笑）、巨木に生るんですね。肉厚の葉っぱがあって、高いところに生る。

そのマンゴー園というのが鬱蒼《うっそう》たる樹林なんです。夜には熱気を遮《さえぎ》って梢越しに無数の星が見える。インドの星空はすごいですよ。空気が澄んでいるから銀河を撒き散らしたようです。そこにさぁーっと涼しい風が吹き渡る。そんなところに腰を下ろして若い弟子たちといろんなことを語り合っているブッダの姿を想像すると、ブッダが「この世はすばらしい」と言ったのはこういう場面を言っているのだろうなぁと思いました。マンゴーの葉陰で星空を見上げながら弟子たちと問答を交わしている時、ブッダは幸福だっただろうなぁとつくづくと思いました。

横田　昼間とは別世界なのですね。

五木　全くの別世界です。昼間は熱砂と乾燥した空気に覆われたひどい場所ですけれど。マンゴー園も、行ってみるまではリンゴ園みたいなイメージを持っていたのですが、いやいや、こんなにすばらしい極楽のような場所だったのかと驚きました。

横田　それは実際に行ってみなければわからないことですね。

五木　ええ。クシナガラにも行って、ブッダが亡くなったという雑木林はこの辺かなと歩き回ったりしたんですけれども、荒涼たる場所でしたね。

それからブッダがガンジス川を船で渡ったというところにも行ってみましたが、なるほどと思ったことがあったんです。ガンジス川と言われてわれわれが想像するのは真っ黄色に濁った水の中で沐浴をやっているようなイメージでしょう。聖地であるヴァーラーナシーのあたりはたしかに川の水が黄色いですね。ガンジス川ってああいうものかと思っているけれど、上流のほうへ行くと全く違うんです。光の反射具合で川の水が青く見えるんですよ。だから僕は「美しく青きガンジス」という文章を書きました。そして、青い川の向こう側に真っ白な中洲が浮かび上がるように見えて、さらに向こうには緑の森がありました。その白い中洲を見た時、あぁブッダが亡くなる際に口にした言葉はこのことを言ったのかと思いました。

横田　「自らを島とし、自らを頼りとせよ」という言葉ですね。「自灯明《じとうみょう》」とも訳されていますが、もともとは中州を表す「島」でした。

五木　はい。自灯明ですか。実際は島というよりは洲なんですけどね。ちょっと盛り上がっていて、真っ白でキラキラ輝いている。そういう美しい場所があるんですよ。

そういうことを考えていくと、ブッダが最後、腹痛を起こして亡くなってしまうというのは、とても人間的なエピソードですし、そういうブッダの説いた仏教というのは、晩年を究めた人の思想だと思うんです。八十年という大きな積み重ねがそこにはある。

ブッダは「無記」という表現で死後の世界や霊のことは語りませんでした。自分がそこに行って帰ってきたわけじゃないからそんな話はできないよということでしょうけれど、あの当時、八十まで生きたというのは前人未到の境地を体験したといっていいでしょう。そういう宗教者はなかなかいないですね。法然は八十、親鸞は九十、蓮如は八十五歳まで生きましたが、これらの人たちは並大抵じゃないです（笑）。

でも、これからは一般の人たちの多くが八十年以上の人生を生きなければならない時代ですよね。老いて全身がガタガタになっていく中でどう生きるかという時に、それを体験したブッダの教えが意味を持ってくるのではないか。ですから、いまがまさに仏教の時代というのがよくわかるんです。

これはキリスト教とかイスラム教といった宗派を否定するわけではありません。キリスト教には若々しい青春の薫りがあり、イスラム教には社会人として生きていく実人生の知恵がある。それに対して仏教は、まさにいま私たちが直面している高齢化時代を生きるための思想であるということです。小説家の妄想で、いい加減な話をしているわけですけれども（笑）。

横田　いえ、その通りだと思います。

第三章

すべては「語る」ことから始まった

――教えの神髄

◉書くことよりも対面して語ること、そしてそれを聴くこと

横田　ブッダが最後まで旅を続け、法を説き続けたその姿勢を、私は松原泰道先生に重ねてしまうんです。松原先生が寺から出て、市井の人々に語り続けられたのはすばらしいことだったと思います。松原先生は、僧侶は寺に閉じこもっていてはならない、寺から出なければいけないという考えをお持ちでした。辻説法が大事だと。それで南無の会という宗派を超えた宗教者の会を立ち上げ、喫茶店に一般のかたを集めて説法をお始めになったんです。私が学生の頃のことでございました。

五木　いまでいう坊主カフェのはしりですね。

横田　今の坊主カフェがどんなものか存じ上げませんが、批判も多かったんですけれども、先生は最後までその志を貫き、亡くなる三日前まで喫茶店で説法をなさいました。

五木　三日前までですか。それは凄い。

横田　私はその時の先生のお話を録音したものを後でいただいて拝聴しましたけれども、きちっとした内容なんです。

五木　もう百歳を超えておられたんでしょう。

横田　はい。百一歳でした。喫茶店で説法をされた日の晩に入院されて、三日後にお亡くなりになったんです。だから最後まで語るということを、しかもお寺の中ではなくて街へ出て語るということを大事にしてたんだなぁと思います。

そして松原先生は、あの世へ行ってからも活動を続けようと考えておられたようで、お亡くなりになる前にこんな色紙を用意なさっていました。

「私が死ぬ今日の日は
わたしが彼の土でする
説法の第一日です
衆生《しゅじょう》無《む》邊《へん》誓願《せいがん》度《ど》
佛道《ぶつどう》無《む》上《じょう》誓願《せいがん》成《じょう》」

五木　うーん、なるほどね。いまのお話を伺って改めて思うんですが、私が松原先生のことを非常に尊敬する理由の一つは、語ることを大事になさったということです。

近代から現代にかけては、生の言葉で語られたことよりも、書かれたものを大切にする気風があります。エクリチュール（書かれたもの）とパロール（話し言葉）というような分け方をしますね。しかし、万巻の経典でもブッダ自身が筆を執って執筆したものは一つもありません。ブッダが説法をし、問答をしたものを弟子たちが一所懸命、全身全霊を挙げて聞いたんですね。そうやってブッダの教えを聞いた弟子たちのことを声聞《しょうもん》と言いますけれど、そういう弟子たちがのちに経典をまとめ語るわけです。

バイブルもイエス・キリストが書いたものではありません。これもイエスの言行を人々が伝えたものです。『論語』は「子、曰く」、つまり先生はこうおっしゃったと弟子たちが孔子の言行をまとめたもの。ソクラテスも語る人だった。

ところが、先にも言ったように『歎異抄』は親鸞本人が書いたものじゃないからというだけの理由で軽んずる気配があるんです。それより親鸞自らが筆を執って何十年もかけて書いた『教行信証』を読まなければ意味がないと。そんなことを言うのなら、お経もバイブルも意味がないじゃないかという話になります。

グーテンベルグの印刷革命から始まって書物が流布するようになりますが、われわれは活字とか書物を過大に評価しすぎているような気がしてならないのですよ。表現というのは、基本的には生きている人に語りかけるものです。グーテンベルグより前の時代までは「語る」「聞く」がすべてでした。ソクラテスだって一冊の本も残していません。

親鸞は「面授」と言っています。弟子と問答を交わして大事な教えを直接授けるのだと。ブッダもアーナンダ（阿難）をはじめ面授の弟子がたくさんいますね。この面授を大切にするのは、肉声でその人の話を直に聴いたということが一番大事だからでしょう。

いまは勉強というと書物から学ぶことが専らですが、私はほとんどが耳学問で、人に会って話を伺うというやり方で今日までやってきました。学者や作家や芸術家その他諸々のかたとお会いしてお話を伺って、自分のものの考え方をつくり上げてきたんです。小説家ですから原稿も書きますし本も出しますけれど、どちらかというと大事にしているのは講演と対談です。自分の中ではこちらが本道で、そこで話したり聴いたりしたことを人々に伝えるために活字を使っているという感じでしょうか。

ですから講演も呼ばれれば所構わずどこへでも行きますし、対談も大学者からストリッパーまで相手を問いません。週刊誌やラジオの対談のホスト役も務めていましたから、これまで五十年近く、少ない時で月に二回、多い時で三回ぐらい対談してきています。一年に四十人と考えて十年で四百人、五十年で二千人ですか（笑）。「真夜中対談」といって深夜十二時過ぎてやる対談とか、「ぶっつけ対談」といって録音機を手に街や喫茶店に行って知っている人を見つけたらそこで対談を始めるとか、「紀行対談」といって松永伍一さんと旅をしながら道端で話し、お寺を訪ねては石段を上がりながらしゃべり、温泉に入って裸で話をするというようなこともしました。

横田　対談は必ずしもお相手のことをすべて知った上でするわけではないですよね。

五木　もちろんです。今日みたいな立派な対談というのはむしろ珍しいくらいで（笑）。

◉語られることの代用品として本が生まれた

横田　いまのお話を伺ってちょっと思うのは、ブッダも本は書かなかったと。弟子たちが聴いていたわけですけれども、仏教の場合はそれを二百年ないし三百年の間、文字にしなかったわけです。われわれはついつい文字にして、その文字を覚えるということをやるわけですけれども、敢えて文字にしなかったということについてはどう思われますか。

五木　例えばこういうことがあります。中世の神学者の話で面白いなと思ったのですが、ある時その神学者が自分の書庫に入ったら、甥っ子が無断で入って本を読んでいたというんです。それを見た神学者が「驚くべきことに」と言って仰天していたのは、「その甥っ子は声に出さずに本を読んでいた」と。つまり、黙読といったのは近代に始まるものなんです。それまでは本はすべて声に出して読むものだった。

声に出して読むということは、その人が語ったことを追体験することなんです。声に出して語られることを耳で聴き、それを受け止めるというのが本来の理解のあり方なんだけれど、とりあえず便利だから活字になっているものを読むようになった。だから、語られることの代用品が本なんですよ。

例えば『万葉集』にしても、もともとは節をつけて声に出して詠われたものです。それを「あの歌はいいね」と皆が耳で聴いて感心する。しかし、それでは暫くすると忘れられて消えてしまいます。それはもったいないということで天皇が詔を発して、なんとかして後世に伝えようとしたんですね。

当時は記録係という専門家がいました。彼らは渡来人が主で、中国とか朝鮮半島から来た人たちです。もともとは漢文で記録を書いていたわけですが、天皇の詔を受けて苦心惨憺して漢字と日本の発音を重ねた万葉仮名という不思議なものをつくりあげていく。その万葉仮名で記録をするようになって『万葉集』が生まれたわけですね。おそらく『万葉集』が編纂される以前には、その数倍の万葉の名歌があったはずですよ。

横田　なるほど。

五木　ですから「語る」「聴く」というのが本来の形だったわけです。それが消えてしまうのを惜しんでなんとか残そうと記録したものが本という体裁をとったと。そう考えると、俗語で書かれた易しい本には教えの神髄が表れているという感じがすごくする。『歎異抄』もそうですし、白隠の『遠羅天釜』や『夜船閑話』もそうです。

明治の頃に清沢満之という人がいました。仏教を近代哲学的に位置づけするという思想的なことをおやりになった方ですが、この人が無人島に行く時には三冊の本を持っていけばいいと言ったそうですね。一冊は『阿含経《あごんきょう》』、一冊はギリシャ・ローマの時代の哲学者エピクテトスの『語録』、それからもう一冊が『歎異抄』です。エピクテトスは奴隷出身の哲学者と言われていますが、彼が生前語ったことを弟子が一言一句違《たが》えずに記録したのが『語録』です。つまり、三冊とも本人が書いたものではなく語られたものなのです。
書くことは語ることの代用として便宜的にすることで、本当は肉声で直接人に語ることが一番大事だと私は思ってきました。ですから松原さんは、まさしくブッダや孔子やイエス・キリストのやった仕事と同じようなことを生涯通じてなさったんですね。それは私の密かに尊敬する最大のところです。語ることが大事なんです。そしてそれを聴くことが大事なんですね。
蓮如という人は面白いことを言う人なんですよ。例えば「人は慣れると手ですべきことを足でするようになる」なんて言ったりする。私なんか冷蔵庫を足で閉めるたびに蓮如から叱られるなと思ったりするんですが（笑）。その蓮如さんは「百遍聴いて、すべて暗記しているようなお坊さんのお説教であっても、聴く時には生まれて初めて聴くような感動で聴かなければいけない」と言っています。これはいい言葉ですね。

横田　そうですねぇ。

五木　これは聴く側に対する戒めでもありますけれど、語る側についても自戒となる言葉です。「百遍語って黙っていてもスラスラ口から出るようなお説法でも、人に話しかける時には生まれて初めて語るような感動で語らなければいけないよ」と言っているわけでしょう。

そういう意味で、松原先生は語る人であったと思うんです。これはものすごく大事なことだと思いますね。その一点だけでも私は松原先生をすごく尊敬しています。

横田 本当におっしゃる通りだと思います。

五木 私には五十前後に執筆活動をしばらく休んで、京都の龍谷大学で仏教の講義を受けていた時期がありましてね。その時に学んだことで一番印象に残っているのが、『十牛図』でした。あの悟りに至る十の段階を表した図の中でも、特に最後の「入鄽垂手」という図が好きなんです。あれは悟りを開いた後に再び世俗に戻って、人々に安らぎを与え、悟りへ導くという姿を表していますよね。松原先生がなさっていたことはまさにそれで、私は先生のことを思い出す度に「入鄽垂手」という言葉を連想するんです。

横田　はい、そういうかたでありました。

五木　考えてみると『十牛図』も大事な書物なんでしょうけど、あれも漫画が入っていて『君たちはどう生きるか』と同じようなものですね。

横田　たしかに絵が入ることでわかりやすい話になっていますね。

◉〝いまここで〟を大事にする六祖慧能の頓悟禅

五木　漫画でふっと思い出しましたけれども、禅宗に『六祖壇経《ろくそだんぎょう》』という経典がありますね。

横田　ございます。中国禅宗の六祖慧能《えのう》の説法集ですね。

五木　私は慧能が好きで、慧能の墓のある南華寺に行ったことがあるんです。非常に面白かったというか感動したことがたくさんあったのですが、その時に寧波にある大きな書店へ行ったら、平台に漫画本のような本が並んでいて千二百万部も売れているというんです。手に取ったら『六祖壇経』の漫画なんですよ。

横田　六祖慧能の話が漫画になっているのですか。

五木　ええ。慧能という人は非常に面白い人なんだけど、あの人は頓悟禅《とんご》ですよね。（頓悟禅とは長い時間をかけて段階的に修行をして悟りを開くのではなく、一遍に悟ることに重きを置く禅の一派。この反対が漸悟禅《ぜんご》）

横田　そうです。頓悟と呼ばれております。

五木　これに対して神秀という人が漸悟禅《ぜんご》の代表ですけれど、頓というのは横田さんも本にお書きになっているけれど大事なことですよね。

横田　大事だと思います。

五木　よく頓知って言いますけれど、頓知というのはすぐに反応しなければだめなんですね。秀吉に仕えた曾呂利新左衛門という人がいますでしょう。落語家の元祖と言われている人ですが、この人は秀吉が何か言うと間髪を容れず、ユニークな答えを返したそうです。こういうのを頓知というわけです。

それで『六祖壇経』という中国では最初の大事なお経とされているような本が漫画になっていることにもびっくりしたんですけれども、あれは慧能が大梵寺という町のお寺で講演をした時の話ですよね。

横田　はい、そうです。

五木　慧能はそれまであまりちゃんとした講演をしたことがなかったんです。だいたい無学で、字も書けなかったような人ですからね。ところがその話を聞きたいと中国各地からたくさんの学者などが集まった。そこで連日にわたって講演をして、その講演記録が文字化されて『六祖壇経』になっている。だから、これも語りなんですね。

南華寺へ行った時に面白かったのは、山門のところでブラブラしながら鼻歌を歌っている若い坊さんが何人もいるんです。暢気なものだなぁ、これで修行をちゃんとやっているのかなと見ていたのですが、あとで聞いたらあれは証道歌という禅の大事な教えを歌に託したもので、それを口ずさむのも修行の一つなんだそうです。ただぶらぶら歩きながら流行歌を歌っているわけじゃないんだと。なるほどと思いました。

この南華寺は文化大革命の時に壊されそうになったそうですが、周恩来が寺を人民解放軍の兵士の駐屯所として使うことにして破壊を免れさせたという話を聞いてちょっと感心したんですけれどね。

横田　ああ、そうなんですか。

五木　そこでの坐禅の姿も拝見したんですが、非常に変わった、自由というか気楽な坐禅なんです。達磨大師から数えて六代目の慧能という人の影響がいろんな形で残っていることに感動しました。

頓というのは〝いまここで〟というのが大事なんですね。

横田　そうなんです。それは私がいつも注目するところなのですが、一番古い経典といわれる『スッタニパータ』の中でブッダ自身が明確に、自分の教えは「まのあたり即時に実現され、時を要しない法」であることを言っています。

五木　なるほど。

横田　だから私はいつも、禅は頓悟だと言うのです。禅というのは仏教史の中では異端の扱いをされることが多いのですが、ブッダ自身が長い時間をかけてわかるようなものではない、目の当たり、即時にわかるものであり、厳然として現れるもブッダは、明確に自分の教えを「まのあたり即時に実現され、時を要しない法」であると述べています。

――横田

のであると言っている。だから私は、時間をかけて、段階を経ていくのではなく、その時にぱっと気がつく頓悟が仏教の本質ではないかという気持ちを持っているんです。

五木　全くおっしゃる通りです。共感するところが多々あります。

◉法螺を吹き太鼓を叩き、歌に託して教えを伝える

五木　ブッダは生涯を通じて説法をし、あるいは問答しましたね。それを志のある僧たちが一所懸命、全身を耳にして聞いて暗記し、夜、自分たちの宿舎に帰って仲間たちと話し合うわけです。

「今日、ゴータマはこんなことを言っておられたよね」

「ああ、それは正しくはこうだよ」

「これについてはこうもおっしゃっていた」

「いや、それを言う時にちょっと苦笑いしながらおっしゃっていたから、あれは

反語だろう。逆説なんじゃないかな」

「ああ、そうか」

そんなふうに検討し合いながらまとめるわけです。そして、まとめたものを暗記するんです。文字に書き起こしたりメモを取ったりするのではなく、覚える。その時にふつうの話では覚えにくいから、整理して韻律をつけて詩歌の形にする。それが偈《げ》ですね。それにちょっとしたメロディーをつけて記憶していったんです。

例えば多聞第一と言われたアーナンダという人は一番よくそれを暗記していて、ブッダの死後、結集《けつじゅう》という集まりの時にブッダの教えを歌って披露します。そこで皆が「いや、このほうがもっと歌いやすい」とか「このほうがみんなにわかるだろう」と検討し合い、語り合ってまとめあげ、それを広めるために市井に出ていくわけです。まさに『十牛図』の入鄽垂手です。

インドのマーケットというのは雑踏の極みです。蛇使いがいれば、苦行断食の行者もいるし、音楽をやっている人や変わったベリーダンスをやっている人もいる。そんな雑然とした中で、大きな声を上げて語りかけるのですが、誰も振り向いてくれない。そこでどうしたかというと、法螺を吹き、法鼓《ほうこ》というドラムを叩いて大きな音を出す。すると皆がびっくりして周りに集まってくる。日蓮上人もおっしゃっていますが、大法螺を吹くということは市井の人に語るということなんです。するとなにごとかと思って人が寄ってくるんですね。

そこで僧たちが一斉に手を打ってリズムをとりながら、偈にメロディーをつけた歌、いまで言えばラップのようにして記憶したブッダの言葉を歌い、かつ踊って聞かせるんです。それで「さぁ、みんなも一緒にやろう」と呼びかけると、周りを取り囲んでいる人たちもリズムに感化されて一緒に歌い始める。

『スッタニパータ』の中村元さんの邦訳を読んでいますと、歌の歌詞のように書いてあって、しかも繰り返しが非常に多いんですよ。なんだろうこれはと最初は思っていたのですが、あれは詩のリフレインなんですね。大事なところは繰り返す。ビートルズの曲だってそういうふうになっているでしょう。歌の後半で前半のさわりの部分を何遍も繰り返すじゃありませんか。あれと同じで、リフレインがそのまま訳されているから、文字で読んでいると「ここは同じことばかり繰り返しているな」と不思議に感じると思うのです。

横田　そうですね。おそらく耳で聴くから繰り返されるほどに言葉が沁み渡っていくのでしょう。文字にすると重なっているだけで冗長のように思えますけれど、語られて伝えられたものは文字で読むのとは全く違ったものだったのでしょう。そこには文字で読むだけではわからないすばらしさがあったでしょうね。

五木　そういうことです。正信偈《しょうしんげ》の「帰命無量寿如来」ではありませんが、リズムがあって口ずさみやすい形になっているんですね。だから耳から聞いて快く体に直接その言葉が入ってくる。

私がそれを実感したのは、ブッダが菩提樹の下で悟りを開いたというブッダガヤに行った時です。チベットから同じ褐色の衣を着た三百人ぐらいの若いお坊さんたちが仏跡訪問で来ていたんですよ。その人たちが一斉に「ブッダン　サラナンガッチャミー　ダンマン　サラナン　ガッチャミー　サンダン　サラナン　ガッチャミー」（私は仏陀に帰依します　私は法に帰依します　私は僧に帰依します）という三帰依文《さんきえもん》を歌い出したんです。それを聞いて、ああ、こういうものなんだなと思いました。経典の読経を始めるのではなくて全員で合唱をしたのですよ。音楽と歌が大事なんだとわかりました。

そういうものとして仏教は進んでいくわけですね。そして、やがてその教えが記録されて文章化されると、それについての注釈とか様々な形のバリエーションが生まれて万巻の経典が生まれてくる。こういう流れでしょう。

ですから活字になったものと実際に話されたものは別物と考えたほうがいいかもしれません。活字でなければ伝えられないものも、当然あるわけです。その点で活字化することには大きな意味があると思います。それは話されたものとは違う一つの表現ですから。

横田　説法や問答はその場にいる人、そこに連なった人だけしか聴けませんからね。活字にすることによって、多くの人に広まり伝わっていく。

五木　バイブルは史上最大のベストセラーですからね。それはもう活字の力というのはすごいものです。しかし、語られたものが原点です。あくまでも、書かれたものは話されたものの代用品であることを忘れてはいけないと思います。

◉超人的な記憶力を持つ人たちがお経を伝えてきた

横田　それにしてもよくぞ二百年もの間ずうっと記憶だけで続いてきて、あれだけの経典ができたものだと思います。それが何とも不思議です。

五木　太安万侶とともに『古事記』の編纂にかかわった稗田阿礼《ひえだのあれ》のような超人的な記憶力を持った人たちがいたのでしょうね。昔はいまでは考えられないような匠《たくみ》の技の持ち主がいたのだと思います。例えば、中国には皇帝に捧げる一つの壷をつくるために、一生涯を懸ける人がいました。同じように、暗記に命を懸けていた人たちもいたはずです。そういう人たちは間違えたら殺されるという状況で覚えますから、一冊の本を丸暗記するなんて何でもなかったのでしょう。

横田　そうなのでしょうね。むしろ、そうやって本が生まれたことによって覚える能力が退化していくこともあったかもしれません。

五木　それはおっしゃる通りです。いまは「孔子が生まれたのは何年だったたっけ」と聞けば、皆一斉にスマホを取り出して検索しますよね。

横田　覚えなくても何も困らない（笑）。

五木　だから活字が第一回目の人間の退行で、第二回目はいまのＩＴ化ですよね。もう完全に人は知識を必要としなくなりました。

横田　そうですねえ。長いお経をすべて暗記して伝えたというのは、本当に超人的な記憶能力を持った人たちがいたのでしょうね。昔の人には計り知れない能力があったのだろうと思います。書けないとなれば、どれだけ長い話でも記憶できたのでしょう。

五木　そう思います。鹿児島で隠れ念仏の取材をした時に、隠れ念仏の中でもさらに異端と言われるカヤカベ教というものに出合いました。この宗派は大隅半島の霧島山麓の牧園《まきぞの》地方にずっと広がっているのですが、表は神道霧島講といって神棚を置いていて、裏は念仏になっている。島津藩の念仏弾圧から逃れるために工夫をしたという。

その人たちは経典を持たないのですが、数時間もずっと経典を唱えることができる。すべて記憶している教祖とその一族のかたたちがいるのです。それを聞かせてもらって録音しましたが、三時間ですから一冊の本以上の分量があると思います。受け継ぐ人がいないものだから結局それも絶えてしまうのですが、昔の人にはすごい能力があったということが垣間見えました。

横田　文章の復唱でもそうですね。五木さんの世代ですと、ぱっと言われたことを暗記できるそうですね。軍人でも命令をその場ですべて復唱していたと聞きました。私は自分より若い世代と接していますが、そんなふうに復唱するような能力は随分落ちてきているように感じます。

五木　私は大学でロシア文学を専攻していましたが、ブブノア先生というロシアから来た老婦人がおられました。その先生のロシア詩の授業はただ暗記するだけでしたね。先生が読んで聞かせて、それを授業でくり返して、次の授業までに教わったことを暗記してくる。解釈とかは一切なしです。これには本当にまいりました（笑）。でも、そうやって覚えた詩はいまだに記憶から消えずに残っています。

覚えるというのはそういうことです。だから声に出して唱えるとか暗記するとかいうことは基本的に大事なことです。経にしてもイスラム教のコーランにしてもみんな暗記しますね。教会の司祭さんはラテン語でバイブルの中にある言葉を自在に引用します。そういうことはやればできる。横田さんも千いくつもある公案をだいたい暗記しておられるわけでしょう？

横田　すべて暗記しています。それが出ないということはまずないですね。

五木　それはどのへんから記憶されていったのですか。

横田　私はちょっと変わった少年でございましたから、漢文などは小学生の頃から好きで覚えていました。だから、もう消えないですね。いま大学を出た人たちに覚えろと言っても難しいと思います。やはりある程度若い頃に叩き込んでおかないと。

五木　それにはリズムとメロディーが必要でしょう。

横田　そうですね。公案は漢文ですからリズムがあります。リズムというのは非常に大事ですね。講演や対話でもリズムを持っている人とリズムのない人とでは全然違うと思います。長く続くというのは、やはりそういうところが違うのでしょうね。

五木　そう考えると、松原先生がおやりになったことは、まさに仏教の正道を歩まれたというふうにつくづく思いますね。お弟子さんを目の前にして言うのも僭越ですけれども、松原先生はもっともっと大きく評価されてしかるべきかただと思います。

横田　はい。そう言っていただくとうれしいです。ありがとうございます。

第四章

仏教という光に導かれて

――感動、工夫、希望の実践

◉自分は許されざる者という後ろめたさ

横田　先ほど執筆活動を休んで大学で学んでいたとおっしゃいましたが、五木さんには何度か休筆をなさっていた時期がございますね。

五木　これまでに三回あります。一番最初が三十代の終わりでした。あの頃はレコード会社の専属で歌をつくりながら、脚本家としてテレビ番組やミュージカルの台本を書いたりして、ちょっとした売れっ子だったんですが、それがすごく重荷になりましてね。

横田　売れている時に休むというのは、なかなかできないことだと思いますけれども。

五木　それはやっぱり、敗戦後の引き揚げ体験が大きいと思います。私は終戦の時に平壌から三十八度線を越えて引き揚げてきたのですが、八十人ぐらいの人が一緒に平壌を出て、三十八度線を越えて向こうに着いた時は五十人ぐらいになっていました。

あの時は人を突き飛ばしてでも前に出なければ生きられませんでした。お先にどうぞ、というような優しい人は帰ってこれなかった。以前、引揚者はみんな悪人だと言って物議をかもしたことがあるのですが、あの混乱の中では人非人《にんぴにん》として生きなければ生き延びられなかった。だから、そこで生き延びた自分は表通りを歩ける人間じゃないという後ろめたさがあって、売れっ子になって世間から持てはやされるとなんとも言えないやりきれない気持ちがあったのです。

横田　私などには想像もつかないような過酷な体験をなさったのでしょうね。

五木　引き揚げの生活で、ソ連兵から繰り返し暴行略奪に遭いました。日本人の仲間といる所へ自動小銃を抱えてやって来て、「女を出せ」と言うわけです。そうすると誰かを人身御供《ひとみごくう》として出さなきゃいけない。そうして押し出されてしまった女性が翌朝、ボロボロになって帰ってくる。本当はその女性に土下座して、涙を流して感謝しなければいけないところですが、「近づいちゃダメよ。悪い病気をもらっているかもしれないから」と子供に囁く母親の声が聞こえてきた。

あるいは発疹チフスかなんかが流行して、赤ん坊がバタバタ死んでいく。そうすると母親は、ここで共倒れになってはならないということで、自分の赤ん坊を現地の人に売るんですけど、そういうお手伝いをしたりもしました。これはもう人身売買の人非人の仕事です。

ですから私はあの混乱の中で、人間の醜い本性を嫌というほど見せつけられましたし、自分自身もそこで生涯消えない汚点を残してしまったという思いがあるのです。

私などはまだいいほうで、ある調査でも、引き揚げてきた女性の中には人に言えないような辛酸を嘗めてこられたかたがたくさんおられます。そういう体験を抱えて生き続けるというのは本当に大変なことなんですね。

まあ、そういうことで仕事を全部捨てて金沢に引っ込んだのですが、その時は、金沢で古本屋か何かをやって市井の中でこっそり控えめに生きていこうと思っていたのですが、それからまた二度目のお勤めになって、流行作家なんて言われているうちにまた嫌になってきて、今度は京都に引っ込んだのです。

横田　京都で休筆なさっていた時は仏教を勉強なさったというお話でしたが、そのこことと関係があるのですか。

五木　ええ。直接の目的は、隠れ念仏のことを学びたかったんです。隠れキリシタンが世界文化遺産に指定されて話題になっていますね。隠れキリシタンのことはみんな知っているけれど、隠れ念仏のことは日本人はほとんど知らないんですよ。九州南部で弾圧の中を三百年にわたって信仰を守り続けた人たちの歴史がありましてね。私は福岡の出身で若い頃から興味がありましたから、隠れ念仏に詳しい龍谷大学の千葉乗隆先生のもとで勉強させていただいたのです。

横田　そうでしたか。隠れ念仏に興味を持ったというのは、ご両親が信仰を持っていらしたこととと関係があるのですか。

五木　それはあったと思います。私は記憶にないんですけれど、両親がお勤めをして正信偈《しょうしんげ》をあげている時に、後ろのほうで三つぐらいの私が「帰命無量寿如来《きみょうむりょうじゅにょらい》」というリズムに合わせて面白そうに踊っていたという話を聞いたことがありました（笑）。でも、四十ぐらいになるまで、家の宗旨が浄土真宗だったとは全然知らなかったんですよ。

横田　そういう幼少期の家庭環境が宗教へ向かう下地になったわけですね。

五木　いや、基本には敗戦後の混乱の中であらゆる悪行を重ねて、人を踏み台にして生き延びてきたという後ろめたい思いがあるんです。だから中学高校時代もその後の青年時代も心に一点の曇りがあって、それが抜けなかった。そういう意味では、すっきりした青春なんて自分にはなかったかもしれません。

◉親鸞、蓮如との出会い

五木　それで仕事を辞めて金沢に行ったでしょう。そこで仏教との接点ができたんです。その頃は引き揚げの時に受けた心の傷もまだ癒えていなくて、自分は許されざる者だという意識を引きずってウジウジしていました。その頃、金沢大学の図書館に通ううちに、たまたま親鸞や蓮如の本に出合ったんです。それらの本を読んで悪人正機的な考え方に接しているうちに、自分のような人間でも生きていていいのかもしれないと思うようになったんです。親鸞、蓮如への関心から、初めて仏教へ関心が出てきたんですね。

ただ、それまでは顔を上げて歩けないというような気持ちがずっとありました。私の母親は血を吐いて死んだんですけれど、お金がなくて、薬も買えず、注射一本打てなかった。難民の収容所でただ手をこまねいて母親が死んでいくのを見ていたわけです。何が原因で死んだのかもわからないままです。

横田　そうですか。

五木　ですから私は戦後七十一年間、どんなに具合が悪くても病院に行かなかった。母親に申し訳ないなっていう気持ちがどこかにあったんでしょうか。母親のために親孝行できなかったのだから、自分がこの平和な時代に病院に行って薬なんかもらえる立場か、と。そう思うと、死んでもいいから俺は病院に行かないよって突っ張っていたんです。

でもさすがに寄る年なみで、脚が痛くなって昨年大学病院に行って診断を受けたんですが、何の役にも立たなかったですね。

まぁ人に歴史ありで、横田さんが十五歳の少年の時に禅と出合う体験をなさったのと同じように、私は敗戦の十二歳の時に経験したことが大きかったです。

横田　それが元になって親鸞にたどりつくわけですか。なるほど。

五木　ちょっと救われた気がしました。でも、あとになって、悪い奴でも許されるんだなんてそんな簡単なものではないことがわかってくるんですけれども。

横田　そんな簡単な話ではないというのは？

五木　本当にそういう他力に身を任せて、信というもので生きていけるようになるには安易なことじゃダメなんだということが少しずつわかってくるんです。

横田　ああ、易行だけれど決して易しくはないと。

五木　そうですね。法然も親鸞も智愚《ちぐ》になれ、つまり赤子のようなバカになれと言っています。でも、そう言いながら親鸞はなかなかバカにはなれなかった。あの人は比叡山の大秀才で、あれだけの博覧強記《はくらんきょうき》の学者は少ないというほどの優れたインテリなんですね。ですから、稚愚になれと言いながら、なかなか本人もそうなれなかった。

親鸞が『教行信証』という大著を残したのは、自分が学んで身につけた教養をそこでいっぺん清算してふり捨てようとした、その努力だというふうに私は見ています。それでも親鸞は最後まで愚に徹することができなかった人ですね。

横田　あれだけ自分を愚禿《ぐとく》、愚禿と言っていても徹することはできなかったんですね。

五木　ええ。徹しきれなかったことが生涯に何度かあるんです。夢の中に経文が次々に現れてきて消えないとか、飢饉の村を救うために念仏を唱えようと途中までやりかけて、いや、こういうことはだめなんだと言って途中でやめるとか、失敗がいっぱいある。それで結局、自分は教養から抜けられず智愚になれないんだなという思いを抱えて生きていた人です。そういう超インテリの悲しみというものが親鸞にはあります。

横田　法然上人も最後に記した一枚起請文《いちまいきしょうもん》の中に「一文不知の愚鈍の身になして」と書き残していますが、同じような悩みがあったのでしょうか。

五木　法然はあまり悩んでなかったと思う。

横田　私もそう思うのです。ですから私なんかは法然のほうが親しく感じる（笑）。これは性格の違いでしょうか。

五木　お人柄だと思いますね。親鸞は理屈っぽいんですよ。だから何か言った後に、「なぜとなれば」とかと必ず続く。法然はただ自分の思った通りに進むと言って、対面してそれを語って、聞いた人に本当にそうだなと素直に納得させるようなオーラを持っている。誰かがどこかでお書きになっていましたけれども、仏教というのは、一顔、二声、三姿なんだと。

横田　亡くなられた大井際断老師ですね。このかたは百三歳でお亡くなりになった臨済宗方広寺派の管長さんですが、お坊さんは声と顔と姿だと説いておられました。

五木　そうでしたか。法然さんは姿がよかったんだと思います。松原先生もそうですが、やはり人格というものが力になっている。それは天与のものであって、努力しても簡単に身につくものじゃないですね。

ですから私は、特に何かに優れた人は、歌が上手いとか足がべらぼうに速いとかというようなことも含めて、自分が優れていることに虚心に感謝して利他の行に励んでほしいと思うんですけど。

横田　五木さんご自身はバカになるということをどのように考えておられますか？

法然さんは姿がよかったんだと思います。松原先生もそうですが、やはり人格というものが力になっている。それは天与のものであって、努力しても簡単に身に付くものじゃないですね。——五木

五木　知の極、最果てまでいかないと本当のバカにはなれないのでしょうね。私なんかは小利口を背負って生きていかなければしょうがないと思っています。だってこんなお話をしているのも口舌の徒だからです。ひと頃は対談の時に口をつぐんでほとんどしゃべらなかったんです。話せば話すほど自分の浅さが見えてくるような気がして。だけどそれはちょっと気どりがあると思って、最近は歳のせいか自分の馬鹿さ加減を堂々とひけらかすようになりました。それは居直っているということかもしれませんが（笑）。

●自力と他力、どちらが先か

五木　自利とか利他と言いますけれど、どちらを先にすればいいのかという議論がありますね。修行を積んで悟りを得れば自ずから人々を感化できるという考え方もありますが、いまの真宗などは基本的に自分が未熟でも利他に徹する中で自利は成就されるという考え方が多いです。ですから、自分みたいな者が人を救うなんておこがましいと考えるのではなくて、未熟な人間でも利他に徹すればいいんだと。山折哲雄さんがビジネスは利他の仕事だとおっしゃっておられますけれど、これは慧眼だと思います。

でも、自力・他力という問題はわからないことばかりですね。私は親鸞を読めば読むほどよくわからなくなってくる。蓮如はわかるんですけれど親鸞はわからないですね。金沢は蓮如と縁の深いところで、蓮如のことを蓮如さんと呼びます。親鸞は親鸞様という。その蓮如という人が開いてくれた広い歩きやすい道をずっと歩いて行ったらいつの間にか親鸞という深い暗い森の入口まで来た。入ってみると迷い込んでしまってどうにもならないというのがいまの正直な心境でしょうか。

横田　そうですか。まだ、親鸞の奥は見えないですか?

五木　『歎異抄』なんかでも疑問点がいっぱい出てくるんですよ。

横田　いま思っている疑問点というのはどういうものですか?

五木　宿業《しゅくごう》というのが私は嫌なんです。

徳川時代とか昔は被差別の人たちに、あんたたちは前世の宿業のせいでいまこういう状態にあるんだからと無理やり納得させていたという説がありますけれども、宿業というのはわからないですね。

横田　この頃、仏教ではあまり説かないようにしている傾向がございますね。

五木　そうですか。

横田　はい。やはり宿業という概念自体がわかりにくいものですから。それから差別の問題と関わります。ひと昔前ですと、体が悪いのは宿業のせいだというようなことを言っていました。しかし、それは差別だというので、そういうことは説かないようになってきています。

五木　仏教の基本の考え方の中に縁起というものがありますね。これは原因があって結果があるということでしょう。いまある問題は昨日の自分のせいだということは納得いくんです。今日の自分は昨日の自分がつくった、明日の自分は今日の自分がつくるというのは言われてみれば納得できます。でも、それを宿業によるものだと言われるとなかなか難しいものがある。

それともう一つわからないのは、死というものの捉え方です。仏教では死ぬことを成仏と言いますが、真宗では往生と言うんですよ。往生して向こうに行って思うがままに修行して仏となる。だからまず往生があって、それから成仏なんです。

この往生については、曽我量深（明治から昭和にかけて活躍した真宗大谷派の僧侶、仏教思想家）というかたは、「蓮の花は花びらが散って実が現れる」という言い方をしています。実はすでに花の中に隠されているけれど、花が散ったあとに現れるのだと。つまり、死ぬとは花が散ることで、散ったら終わりではなくて、そこに立派な実が現れるというわけです。言われてみれば、なるほどと思います。ですが、なかなか難しいですね。

鈴木大拙さんは真宗にもかなり理解の深いかたですが、比較的、禅のかたと真宗のかたには共通点が多いんじゃないでしょうか。

横田　たしかに多いです。円覚寺の先々代管長の朝比奈宗源というかたも、坐禅の修行を仕上げたあと、浄土真宗のお念仏を学ばれました。七里恒順和上（幕末・明治期の浄土真宗西本願寺派の僧侶）の弟子の村田静照和上というかたのところに行って信を学ぶんです。それから悟りだけではなく信ということも説かれるようになりました。そこに何か共通しているものを感じとったのだと思います。
私もずっと坐禅をしていこうとは思いますけれども、坐禅は万人にできるかというと限界がありますね。歳をとれば坐れなくなるかもしれません。
朝比奈老師が自分の坐禅の体験を話した時に、話を聞いていた高齢のかたが「あなたは坐禅できたからいいけれど、自分はこんなに歳をとってしまった。これから坐禅をして喜びを得ることは無理だ」と皮肉のように言われたそうです。それでハッとなって、朝比奈老師は三十代の頃に村田静照のところへ行って、ひたすら念仏を学ぶ。そこで信という世界があることを感じてくるんですね。

五木　なるほど。

横田　それ以来、信ということでも十分に救われるということをお説きになるんです。私は妙好人（浄土教、特に浄土真宗を篤く信仰する人のこと）をたくさん研究していますけれども、何か通じていくような、憧れるものをいつも持っているんです。

◉施しをする側が感謝をするのが布施のあり方

五木　話は変わりますが、もう五十年ぐらい昔にインドにツアーで行った時に現地のガイドさんが繰り返し言っていたことがあります。それは、「絶対にバクシーシ（喜捨、施し）はしないでください」ということでした。というのも、バスが停まると物乞いの人たちがどっと一斉に集まってくるのです。特に子供が黒山のようにたかってくる。その子たちは片腕がなかったり、片脚がなかったり、顔半分を火傷していたり、本当に悲惨でした。乞食の親玉が子供をもらって、人の同情を買うために手足を切ったりして不具にするという話もききました。ですからつまり、子供たちにお金をやっても全部ボスのほうに流れていくんだと。だから絶対にバクシーシはしないでくださいと。

そんな中、仏跡の静かなところをツアー客の中年女性が歩いていたら、赤ちゃんを抱えたくたびれ果てたインドの若い女性が静かに側によって来て、黙って手を差し出したんだそうです。お金をあげてはいけないと言われていたけど、その女性を見てなんとも言えない気持ちになって、その人は思わず懐からいくらかの紙幣を出して渡しました。すると、インドの若い母親は頭を下げるでもなく感謝の言葉を口にするでもなく、表情ひとつ変えずに傲然と胸を張ってそのまま去っていってしまった。その態度にその人は「感謝の気持ちもないのかしら。もう二度とバクシーシなんかしない」と怒ったらしい。

するとその日本語の達者な現地ガイドさんがこう説明しました。「布施行というのは布施をした人が幸せを得るんです。だから、出したほうが『ありがとうございます』と言わなければいけません。お金をもらったのだから頭を下げるのは当然だと考えるのは、あなたの間違いです」と。それはガイドさんの言う通りだと思いますよ。僧侶というのは布施で生きるわけですから、布施をする側が感謝をするものなんですね。

インドの街角でお坊さんが黙って立つと、家の人が出てきて様々なものを渡して「ナマステ」と言ってお辞儀します。それに対してお坊さんは別に頷くわけでもなく、黙って去っていく。これが布施のあり方ですよね。だから日本人の女性が「もう二度としない」と言ったのはたしかに間違っている。それはとても面白いなと思いました。

ご存知かもしれませんが、真宗に暁烏敏《あけがらすはや》という北陸のお坊さんがいました。毀誉褒貶ある人ですが、この人は日本一お布施の貰い方が見事だったと言われています。

横田　そうですか。

五木　ええ。「ありがとう」とも何とも言わずにスッと懐に入れるのですが、傲慢にもならず卑屈にもならず、実に素直に自然に、出した人間が「ああ、ありがとうございました」と思わず合掌したくなるような布施の貰い方をする人だったそうです。

横田　晩年はたしか目が見えなくなったんですね、暁烏先生は。

五木　そうなんです。いろいろスキャンダルもあった人ですけど。

横田　暁烏先生の『歎異抄講話』はなかなか読み甲斐がありますね。

五木　あれで日本人は『歎異抄』を広く知ったんですね。清沢満之が『歎異抄』を評価していたことは事実だけれども、広く民衆に知らせたのは暁烏さんの『歎異抄講話』です。この本は国民的ベストセラーになりました。暁烏敏、藤原鉄乗《ふじわらてつじょう》、高光大船《たかみつだいせん》の三人は清沢満之の北陸の門下三羽烏《さんばがらす》といわれています。

◉困っている人のために自分には何ができるか

五木　仏教というのは基本的に生きていくことを大事にしていますね。この矛盾の多い不合理で不条理な苦しみ多き世の中に、どうすれば人は善き生き方ができるだろうかということを追求しているわけです。ブッダの生きていた頃のインドは疫病が流行していましたし、栄養状態が悪くて人々は二十代でバタバタと死んでいく時代でした。だから、そんな中でどうやって生きていくかというのも大事な教えの一つだったと思います。

アーナパーナサティ・スートラという呼吸法についての仏典がありますけれど

も、これは呼吸を通じて真理に触れることができる、吐く息・吸う息の一つひとつに天地の摂理があるというようなことを言っています。こういう考え方は非常に大事なことだと思うんです。ですから私は「健康法」とは言わずに「養生」と言っているんです。養生と健康法とはどこか違うような気がするんですよ。

横田　養生と健康法は違うと?

五木　ええ。いまの人たちの苦しみとか悩みの大半は体と金と心の三つの問題に集約されるような気がします。健康情報が氾濫しているのもその表れでしょう。しかし、仏教は昔からそれに応えてきた面があると思います。何しろブッダ自身があの時代にあって超人的な長生きをしたわけですからね。

横田　そして最後はボロボロの体を引きずりながら熱砂の中を歩き続けて亡くなられる。仏教というと晩年は楽隠居をして悠々自適に暮らす知恵のように思われることがあるかもしれませんが、ブッダの生涯を思うと、非常に強い燃えるような意志を貫き通していますね。だから、仏教が単に生易しいもののように思われてはいけないないなという気はいたします。

若輩の私が申し上げるのもおこがましいんですけれども、五木さんは次々とベストセラーを出しながら軽やかに生きてこられたようなイメージがございます。しかし、その裏には並大抵ではない努力がおありだったのでしょう。

五木　いやあ、僕はもうじつにいい加減な人間ですから（笑）。

横田　いえいえ、とんでもない。いまも全国を飛び回って活動なさっていますし、新聞の連載もまだ続けていらっしゃるんでしょう？

五木　ブッダが毎日歩き続けたように、これも行だと思ってやっています（笑）。ある夕刊のコラムは四十数年続けて、もう一万回をとっくに超えましたけれども、連載が始まった時に新人だった担当のかたも定年退職して、いまは嘱託の立場で僕の原稿を取りにきてくださっている（笑）。

横田　途轍もないことですね。

五木　事故に遭ったり、大きな病気をしなかったおかげで、一日も休むことなく続けてきました。本当に幸運としか言いようがないですね。

横田　すばらしいことです。連載だけでなく、講演、対談と精力的に活動されておられますが、何歳ぐらいまで続けようと考えておられますか。

五木　いやいや、いまも左脚が痛いので大変ですが、体の自由が利く間は続けたいと思いますけど。やはり仏教の先人に憧れるところがありますから。

横田　あぁ、そうですか。いま憧れると言われましたが、私がブッダのどこに惹かれるかというと、盲目のアヌルダ（阿那律）という弟子が針に糸を通そうとして「誰か私を手伝って功徳を積みたい人はいませんか」と言った時に一番先に駆け寄ってきて針に通したのがブッダだったと。それでアヌルダは恐縮するんですね。お釈迦様のようにあらゆる功徳を完成したおかたがなぜそんな行動をとったのですかと聞くと、ブッダは「自分ほど何か人のために尽くしたいと常に思っている者はいない。だから自分は真っ先に駆けつけたのだ」と言うわけです。

私はこの話が非常に好きなんです。あらゆるものを備えたからといって、それで安住して高いところにいるのではなくて、困っている人がいれば常に真っ先に駆けつける。私が何よりも大事にすべきことは、こういう小さなところに駆けつけることではないかと思うのです。大勢の人の前で立派に説法をするブッダの姿が尊いのはもちろんですが、目の見えない弟子が困っている時に真っ先に駆けつけるところに私は憧れを抱きます。

仏道を歩む者として、このお釈迦様の姿勢こそ大事にしたいと思いますし、そういう気持ちを持ち続けていけば、これからどんなに難しい時代になっても生きていけるのではないかと私は思っているんです。

五木　なるほど。そういうお話をなさっている横田さんと向き合っておりますと、何とも言えない穏やかな気持ちが伝わってまいります。私は九州の人間だったということもあるのか、攻撃的になったり反対する時に元気が出てくるんです。でも、横田さんの様子をうかがっていると、和顔愛語というすごく大事なことを体現されていますね。これはとても大事なことだと思うんです。

「無財の七施」というのがありますね。財はなくとも他人様への施しはできるのだという教えで、眼施《げんせ》（優しい眼差し）、和顔施（笑顔）、言辞施《ごんじせ》（愛情のこもった言葉）、身施（自分の身体を使い奉仕する）、心施（思いやり）、床座施《しょうざせ》（席を譲る）、房舎施《ぼうじゃせ》（家に泊める）の七つを実践することで、自他共に幸せになることができるんだと。

私はこの教えが大好きで、自分なりにできるだけ実践しようと心掛けているんですが無理（笑）。ですから、よく人と一緒に食事をするんですよ。人と一回でも多く食事を共にすることが、自分なりの布施行のような感じがしましてね。税理士さんからは、経費の使い過ぎだっていつも叱られているけれども（笑）。

◉苦しみの中にある人にせめて一時の喜びを

横田　私が思うに、五木さんが人生の法則にも通ずるものをたくさんお書きになって、多くの人の心を捉え続けていらっしゃるのは、いまお話しいただいたような宗教に対しての下地があるからではないでしょうか。

五木　いや、私はとてもそんな立派なものを書くような人間ではありません。宗教の大切な役割に抜苦与楽というのがあるという話をしましたけれども、せめて自分の書くものでほんの一瞬でも浮世の苦しみから離れていただければいい。

私にできることは、そういうささやかな与楽でしかないんです。ですから、エンターテインメントというか、一瞬だけでも「あはは、ああ面白かった」と笑ってもらえるようなものを書いているつもりです。柳田國男は「慰謝する文芸」と言っていますけれど。

横田　抜苦与楽というのは私にとっても大きな課題です。私には戦争体験もございませんし、五木さんの深さに到底及ばないことは仕方のないことですけれども、そういう自分にせめてできることは、平穏なこの時代に生まれたことに感謝して、明るく生きていくことです。

一声、二顔、三姿というお話がありましたが、私も少しでも明るい笑顔、明るい声で、明るく生きていくことで、せめて一時の喜びや光なりとも人様に与えていく努力をしていきたい。それが私の一つの役割かなと思っています。

五木　なるほど。それこそまさに、豊かな人生を築いていく法則ではありませんか。仏教にはそういう人生の法則を示して、闇を照らしてくれる光のような役目があると思いますね。

少しでも明るい笑顔、明るい声で、明るく生きていくことで、せめて一時の喜びや光なりとも人様に与えていく努力をしていきたい。それが私の一つの役割かなと思っています。

——横田

◉人生を豊かにする感動、工夫、希望の三つのK

五木　私は子供の頃に、真夜中の山道を一人で歩かされた体験をしたことがあります。近所で人が亡くなったのを、山の向こうの隣の集落に知らせてこいと。それで、一歩踏み外したら転落死するような狭い道を暗がりの中で何時間も歩いたんです。それはもう叫び出しそうになるくらい恐ろしくて、震えながら歩いたんですけれども、途中で雲が切れて月の光でうっすらと山道が照らされましてね。途端に安心して歩けるようになったんです。あの時の心強さといったらなかったですね。

世の中の闇や心の闇を、淡い光でもいい、ほんの一瞬でもいいから照らしてくれる、仏教というのはそういう光なのだと思いますし、私自身もそのような光に導かれて歩いていきたいと願っているのです。

横田　いまのお話で思い出したのですが、松原先生は晩年に感動、工夫、希望の三Ｋというのを心懸けていらっしゃいました。

百歳を超える長寿を実現なさる中で、親しいかたがたが次々と先立たれて、何とも言えない淋しさを感じているんだと。その中で少しでも人生を豊かにするために、感動、工夫、希望の三つのＫの実行を決意なさったのですが、これもまさしく先生が百年の歩みを通じて摑まれた人生の法則と言えますね。

苦しみの中にあるかたがたにそういうお話をお裾分けして、ささやかなりとも苦しみを癒やして差し上げるとともに、私自身も感動を忘れないように絶えず工夫をして、希望を持って生きられるように、三Ｋの実践を通じて、豊かな人生を歩んでまいりたいと願っています。

第五章

すべては大きな流れの中にある

——不条理の捉え方

◉少々のことがあっても人間は生き延びていく

横田　五木さんの本はいろいろ読ませていただいておりましたけれども、あるかたから五木さんのことを知るには『運命の足音』を読みなさいと勧められて早速拝読いたしました。終戦前後の壮絶なご体験を交えて、運命についての様々な考察がなされておりまして、あぁこういう世界があるのだなぁと深く感じ入りました。

五木　いやいや、恐縮です。

横田　拝読しながら脳裏に蘇ってきたのが、私の師匠に当たる円覚寺先代管長・足立大進老師の言葉でした。五木さんと同じ昭和七年の生まれの師匠は、「われわれがいくら偉そうなことを言っても、戦争の弾の下を潜ってきた者には敵わない」とよく申しておりました。五木さんのご本を読ませていただいて、やはり戦中戦後を体験されたかたには敵わないと痛感しました。

五木　そうですか。しかし、本当はそういう苦労はしないほうがいいと思うんですよ。

あの本にも書きましたが、朝鮮半島で終戦を迎えて日本へ引き揚げてくる時は人を押しのけてでも前へ出なければ生きていけませんでした。しかしそういう大変な中を潜る度に人間性というのは歪んでしまうところがある。我執といいますか、そういうものが自分の中に宿っているのを感じる度にそう実感するんです。

私がデビューをした一九六〇年代半ばに、「花の七年組」という流行語がありました。私と同じ昭和七年に生まれた人たちが非常に活躍をしていたものですから、そういう言葉が生まれたんです。思いつくままに挙げていきますと、例えば作家の小田実《まこと》さん、映画監督の大島渚《なぎさ》さん、音楽家の岩城宏之さん、放送作家の青島幸男《ゆきお》さん、漫画家の白土三平《しらと》さん……。

横田　たしか、石原慎太郎さんも昭和七年生まれですよね。

五木　石原さんに至っては、なんと僕と同年同日生まれなんです（笑）。とにかく多士済済《たしさいさい》で挙げれば切りがないんですが、皆さん例外なくエゴが強くて、出しゃばりで（笑）。それはやはりあの終戦の最中に、戦災孤児にならんとするところを何とか生き延びてきただけに、自分が前に出るというか、人を押しのけて落ちているものでも拾って食べるというか。生命力が強いと言えばそうなんですけれども、ちょっと恥知らずなところがありまして、何かこう忸怩《じくじ》たるものがあるんですね（笑）。

横田　私はそれを東日本大震災の時に感じました。われわれの世代にとっては初めて経験する大災害でしたから、もう日本は滅びてしまうのではないかと思うくらい衝撃を受けたのですけれども、師匠のようにかつて凄まじい戦禍を潜り抜けてきた世代の人たちは、またきたかと。これもやがて乗り越えていくだろうという受け止め方をしていました。われわれとの温度差というか、度量の違いというのを実感したものでございます。

五木　たしかにそういう気運はありました。焼け跡にも花は咲く、少々のことがあっても人間は生き延びていくんだという思いは僕らの世代の一つの特徴としてありますね。

◉平成というのはどんな時代だったか

五木　平成が終わって令和という新しい時代になりました。それを踏まえて、平成という時代にどういう印象を抱いているかという質問を新聞などから盛んに受けました。けれども、どうも平成っていうのは色が淡いというか、印象が薄いんですよ。昭和という時代が非常に強烈で、濃い色をしていただけにね。

横田　そういう中でも、五木さんが一番印象に残っていることは何ですか。

五木　やはり東日本大震災というのは大きかったですね。あれはやっぱり大変なショックでした。

横田　平成の最後に選ばれた「今年の漢字」は奇《く》しくも「災」でございました。平成は阪神・淡路大震災で始まり、東日本大震災もあり、非常に災害が続いたという印象もございますね。

五木　被災されたかたがたのことを思うととても心が痛みます。ただ、横田さんもお焼け跡にも花は咲く、少々のことがあっても人間は生き延びていくんだという思いは、僕らの世代の一つの特徴としてありますね。

——五木

っしゃったように、それでこの国が滅びてしまうとまでは思いませんでした。

横田 横田さんは平成というと何が印象に残っていらっしゃいますか。

私が真っ先に思いますのは、何があったというより、戦争がなかったこと。これをまず思います。

五木 あ、たしかにそれは大きいですね。

横田 ミサイルが上空をかすめることはありましたけれども、落ちることはなく、昭和の時代のように空襲に怯えることもありませんでした。

私は戦後の生まれですけれども、子供の頃は実家の真向かいの家が空襲で焼け落ちたままでした。まだ防空壕も残っていましたし、傷痍《しょうい》軍人や物乞いの浮浪者も至る所にいました。ですから、私の世代は辛うじて日本はあの戦争で負けたんだというのを肌で感じていますし、だからこそこの三十年は親たちが経験したつらい思いをせずにすんだことに感謝しなければならないと思うんです。ついつい戦争がないのが当たり前のように思ってしまうんですけれども、それは先人のご努力の賜物であることを決して忘れてはなりません。

しかし、ふだん若者たちと接していますと、私よりも若い世代に傷痍軍人なんて言っても全く通じません。戦争の悲惨な記憶を留めていた新宿や上野の街もすっかり綺麗になりましたね。綺麗になったのはいいけれども、一方でそういう記憶が失われていいのかという思いもあります。五木さんはどう思われますか。

五木　うーん、やっぱり時代の変遷というのは逆らい難くあるもので、そのことを嘆くとか、残念がるとかいう気持ちは私にはないんですよ。こういうものなんだと受け止めています。

言葉もどんどん消えていきますね。最近は復員という言葉が全く通じなくなりましたね。引揚者《ひきあげしゃ》もちゃんと読み仮名をつけなければ「ひきあげもの」と読まれてしまいます（笑）。人口配置では、全く戦争に参加したことがない若い層が非常に分厚くなってきていますでしょう。徴兵制というのも知らないような若い人たちがもう中年ですからね。そういうのを見ていると、時々自分が時代に取り残されたような気がすることもたしかにあります。世の中というのはそういうふうに流転していくものでしょう。

いまおっしゃったように、戦後の記憶を引きずっているかたはいまもたくさんいらっしゃいますね。団塊の世代もかろうじて復員軍人とか傷痍軍人の記憶は持っているでしょう。けれども私は、変わってきたことを嘆くより、むしろこれから先どんなふうに変わっていくんだろうと、ドキドキしながら見守る気持ちのほうが強いですね。あまり昔のことは振り返らないんです。

横田　なるほど。

五木　それに、そういう流転の中にも何か変わらないものが一本通っているような気もするところがありまして。

横田　それは日本人としてでしょうか、それとも日本の国としてですか？

五木　例えば、『致知』でも安岡正篤《まさひろ》さんのように、もうお亡くなりになった戦前の思想家の本がずっと読まれたりしていますよね。書店に行っても中村天風さんのようなかたの書物がいつも並んでいる。禅の世界もまさに長い長い歴史の中で様々なものが生き続けています。ですから、世の中というのは全部変わっていくのではなく、何かその中に変わらないものが一本通っている。そういう印象を持っているんですけれども。

◉努力はウソをつく、でも無駄にはならない

五木　それから、世の中が流転していく中では次々と新しい才能も登場してきます。例えばフィギュアスケートで羽生結弦《はにゅうゆづる》という非常に優秀な人が活躍して人気を博しています。

その羽生選手が「努力はウソをつく。でも無駄にはならない」と非常に印象深いことを言っていました。必ずしも報われるとは限らないけれども、努力はすべきであるという含みを持った発言ですよね。常人には及ばないようなフィジカルなアドバンテージを持ったあの羽生選手でも、時にはやったことが全部無駄だったという挫折もあるのかと思って、この言葉はとても印象に残っています。

横田　あの若さでよくそういう言葉が出てくるものですね。やっぱり一つの道を突き詰めていく人は、そういう厳しい発言も出てくるんですね。

五木　いや厳しいですよ、この発言は（笑）。だからすごいと思ったんですよ。私自身を顧みてみますと、幸運などというものはないといつも思っているんです。ネガティブ・シンキングと思われるかもしれませんが（笑）。何かをやる時には最初から絶対これは上手くいかないと（笑）。人はどのみち百年もすれば土に還る。人生なんて知れたものと、あまり過剰な期待をせずに物事に取り組むところがあります。上手くいかなくてもともとだと。壊れるとわかった城でも築いていくようなね。人生は修羅の巷で、四苦八苦が満ち満ちているんだから、それが七苦、六苦に減っただけでもありがたいという気持ちがあるんです。

横田　それは羽生選手の言葉にも通じるものがございますね。

五木　そうなんです、努力は必ずしも報われない。でもやらなければ、と。ですから私が日々実践している自分流の養生についても、「明日死ぬとわかっていてもするのが養生」、というのがモットーなんですよ。

横田　なるほど、明日死ぬとわかっていてもするのが養生と。

五木　長生きをしようと思ってやるだけではなくて、ただ好きだからやる、大事だと思うからやる。石田三成が処刑される前に柿を勧められて、腹を壊したくないからと断った話にも通ずるものがありますね。

修行というのはそういうものじゃないかと思うんです。これをやったらこんないいことがあるというふうに、目の前にご褒美をぶら下げてやるものではないと思うんですが。

横田　私は、武者小路実篤《むしゃのこうじさねあつ》さんの言葉にある通り「この道より我を生かす道なしこの道をゆく」という思いで今日まで修行に励んでまいりました。

私が出た大学は一種の教員養成のための大学でもありましたので、誰もが教職を取るのが当たり前でした。けれども私は、坊さんになると決めたからには逃げ場があってはダメだと思って教職は取りませんでした。いまに至るまで僧侶であるという資格以外は何一つ持っておりません。

学生時分に田舎の親に言われて運転免許を取ろうとしたことはありますが、その頃師事していた小池心叟老師に「そんなものは取らなくていい。修行をすれば車が迎えに来るようになる」と言われて思い止まりました（笑）。

「この道より我を生かす道なし　この道をゆく」

という思いで今日まで修行に励んでまいりました。

――横田

その時は、そんな暇があったら修行しろという戒めだと単純に受け止めていたんです。ただ、山の寺に入ったらどうしようと心配だったのですが（笑）。あとになって実感するようになったのは、そうして横道に逸れず一所懸命に修行することで徳が積まれるということです。その徳がよい運をもたらすのだと、老師は若い私に諭してくださっていたのではないかと思います。

小池老師が亡くなってもう十数年経ちますが、なるほど車が迎えに来るようになりました（笑）。それどころか、ご存じのようにうちのお寺は門の下が駅なんです。だから車だけでなくてJRの電車も山門の下まで迎えに来るようになったというのがこの話のオチなんですが（笑）。

師匠の言葉はこの道に懸けるということを教えてくれたんだろうと思っているんです。ですから、私はずっと坐禅だけをやってきました。自分の本質は坐禅でいいんだと思っています。

坐禅をやっているうちに修行僧という肩書が師家という肩書になり、管長という肩書になりましたが、肩書が変わっただけで自分はいつも坐禅してればいいんだと。

五木　只管打坐《しかんたざ》そのものですね。

横田　これは羽生選手の「努力はウソをつく。でも無駄にはならない」という言葉にも通ずるのではないでしょうか。

◉努力で超えられないものをどう受け止めるか

五木　私が最近つくづく思うことは、人生とか人間の存在というのは実に不条理なものだということです。

羽生選手の活躍はもちろん途轍《とてつ》もない練習の賜物《たまもの》ではあるけれども、あの競技はどう頑張っても手足の長い人が有利ですよね。つまり努力では超えることのできない部分がどうしてもある。

大リーグに行った大谷翔平選手なんかもそうです。体が大きくて、ルックスもよくて、そして性格までよくて、すべてが備わっているアスリートという感じがする。努力というのは当然彼の活躍の一端を担うものではあるけれども、あらかじめ与えられたものの大きさはどうしても無視できない。最近の彼らの活躍を見ながら、そういうことをしきりに感じたりしますね。

横田　持って生まれたものの差をどう捉えるかということですね。

私などは仏教をずっと学んできておりますから、やはりそれは自分一代のことではなくして、命のバトンと申しますか、ご先祖が代々積まれた徳がいまの自分に与えられていると受け止めればいいと思うのですが。

いまはそういう宿業とか前世とかいうお話をしても、なかなか通じません。タイとかミャンマーではいまでも輪廻《りんね》というのが信じられていて、次の生というのも理解を得やすいんですけれども、お話ししたように日本では悪い意味で取られたりすることがありますから、一般のかたにはなかなか説きにくい。

五木　いまおっしゃったことはこのところずっと考え続けてきていることです。親鸞は、千人殺そうと思っても一人も殺せないこともある。一人も殺すまいと思っても人を殺すことがある。これはその人の宿業の故であると言っていますが、なかなかこれがわかりにくい。

横田　たしかに業というのは避けては通れないテーマですけれども、言葉のイメージがよくないんですね。宿業の顕れであるなどと申しますと、皆心を閉ざしてしまいますから、いまはわれわれ専門家でも使いにくい。もう業は説かないと決めた宗派もあるくらいです。

五木　宿業というのは言葉自体が暗いイメージが——。

横田　そうですね。人を責めるような言葉として思われてしまって。

五木　諦めとか、そういうことを説く時に宿業という言葉で説くわけですよね。

横田　ある仏教国の高僧が震災で多くの命が失われるようなことは、自然現象やいろんな原因もあるけれども、宿業によるものだとおっしゃって、地元の人たちが愕然としたという話を聞いたことがあります。その高僧は決して被災者の皆さんを傷つけるつもりはなく、その国ではそういう出来事は何かの業縁があって遭遇するという考えが一般的なのでしょう。しかし日本人にはそういう考えを受け止める土壌がありませんから、大変ショックを受けたという話を聞きました。業ということは説きにくい問題だと痛感します。

五木　それは初耳でした。日本では戦前に仏教の説く宿業が差別の問題にもつながって、戦後に強い反発が生まれたんですね。また、近代的自我を完成させるといいますか、業を断ち切ることが宗教のテーマになって、すべてが努力で何とかなるんだと説かれた時代もありました。しかし、やっぱり私たちが生まれた時から受け継いできているものがどうしても壁になる。

横田　かつての日本人には、ご先祖のお陰で自分はこうして恵まれているんだという感覚がありました。そういうふうに受け継いだものをいい意味で捉えることもできるんでしょうけれども。

五木　おっしゃる通りです。先祖とか国とか、日本人として生まれたこと自体も一つのいい意味での業ですから。

横田　少なくとも、先ほどのアスリートのかたがたのように恵まれた体や才能を持っていることについては、ご先祖に感謝しなければならないと思います。

五木　本当にそうです。

◉有形無形の様々なものを相続して生きている

五木　最近、相続の問題に世の中の関心が集まってジャーナリズムも盛んに取り上げています。私のところへも銀行の相続セミナーでときどき講演のご依頼をいただくんです。専門的な話だけではどうも収まらないところがあるらしくて、「心の相続」というエッセイを読んでくださった担当者からお声がかかるんですね。これまでは文化会館や学校やお寺さんといったところでお話しする機会が多かったものですから戸惑っているのですけれど。

そういう機会によくお話しするのですが、ある時若い女性編集者と食事をしていたら、彼女が定食の秋刀魚《さんま》の焼魚を実に綺麗に食べるんですよ。秋刀魚というのは小骨が多くてなかなか食べにくいんですが、彼女が食べたあとは骨が標本みたいに綺麗に並んでいてびっくりしましてね。「あなた、すごいね。どうしてそんなに魚の食べ方きれいなの？」と聞くと、「家の母がうるさかったものですから」と。魚の食べ方を母親から厳しく躾けられて丁寧に食べるようになったというので、「それはあなたが家から相続したものだね」と言ったんです。

横田　なるほど、家から相続したものだと。

五木　われわれはそういうふうに、いろんなところから様々なものを相続して生きているのではないでしょうか。

私の両親は学校の教師でしたから、財産の相続なんて一切なかったんですけども、何か受け継いだものはあるだろうかと振り返ってみると、例えば父親は本をすごく大事にしていて、本を跨いだりすると物差しでバシーンと脚を叩かれたものです。読みさしの本のページを折ったりすると、そういうことはしちゃいかんと叱られました。ですから私はいまでも読みさしの本のページを折ったりしないんです。

また、父は詩吟が好きだったものですから、嫌というほど詩吟を覚えさせられて、漢詩をいまでもたくさん暗記しています。こういうのは無形のもので父親から自分が相続したものなんだなぁとつくづく思いますね。

横田　五木さんのすばらしい文章は、きっとそういうお父様のもとで育まれたことや、優れた漢詩によって養われた面もあるのでしょうね。

五木　どうでしょうか、そういうこともあるかもしれませんね。

少し視点を変えますと、以前韓国のキヨスクで買い物をしたら、若い女性の店員さんが袖にちょっと手をそえるような仕草でおつりを差し出してくれました。とても優雅な仕草なのですが、あれは昔、長衣といって長い袖がある衣を着た時の仕草が、祖母から母へ、母から娘へ伝わったものではないでしょうか。袖がない服を着ていても、その仕草が残っているんです。こういうのは民族が相続したものだと思うんですね。

そんなふうに、私たちは両親とか家族とかその家の家風とか、いろんなものを相続していることを自覚して、次の世代に伝えていかなければいけないと思うのです。

そういう意味では、『致知』がお亡くなりになったかたの本をたくさん出されているのは、一つの思想の相続ですし、歴史というのは国の相続です。禅の世界も古くからの教えを代々相続して、それに研鑽を加えておられますね。そう考えますと、宿業というのもいい意味での相続というふうに考えられるかもしれませんね。

横田　私もそう思っています。

五木　われわれは知識だけではなく、有形無形の様々なものを大きな流れの中で受け継いで存在しているのであって、自分の個性というのも一人で築いたものではないことを自覚しなければいけない。

師の教えを弟子が受け継いでいく師資相承《ししそうしょう》なんて言葉がありますけれども、運命とか宿業とか天命とかいうものも、そういういい意味で捉えられないだろうかというのが私の思いです。いまは相続というと土地とか株券とかだけみたいな感じですけれど、それぞれの人間関係の中でバトンタッチされるものもあるのではないかと。

例えば、大谷翔平という人があれだけ体格に恵まれているのは、やっぱり両親が一所懸命体に気を使って育てられたことも大きいと思います。そういう意味では自分一人の努力ではない。様々な人間関係の中でバトンタッチされるものかもしれないと思うんです。

「お陰さまで」というのも、そういうところから生まれてくる言葉だと思いますね。

横田　私もそう思います。どうも運命とか天命というと、どこか外から降りてくるような感覚があるんですけれども、ずっと受け継がれてきたものだと捉えたほうがすんなりくるような気がします。

そういえば、先日東北のお寺の行事に参加した時に一人の和尚様が「大谷翔平はうちの寺の幼稚園を出ているんですよ」とおっしゃっていました。「それはもっと宣伝するべきですよ」と伝えておいたんですけれども（笑）、幼い頃にそこで仏教的な教育を受けたことも、ひょっとしたらあのかたのいまの活躍に何らかの影響を及ぼしているかもしれませんね。

五木　たしかに彼のインタビューの受け答えなんかを見てると、誠実な人柄が窺えて、幼い頃の教育が反映しているような感じがします。

第六章

天の命によって自力を尽くす——運命と天命

◉父から受け継いだ一所懸命働く姿勢

横田　先ほどお父様のことを少しお話しいただきましたが、五木さんもそうした身近なかたがたや、身の回りのいろんな影響を受けていまの仕事を選ばれたという感覚はございますか。

五木　結果的に見るとそうかなと思います。僕はちゃんと大学を卒業していたらテレビ局とか新聞社に入っていたかもしれませんが、授業料が払えずに大学を途中でやめざるを得なかったために、自分の能力で切り開いていく自由業に就かざるを得ませんでした。そう考えれば卒業できなかったこともありがたい感じがします（笑）。

横田　なるほど。

五木　私ども若い頃は野坂昭如《のさかあきゆき》とかいろんな才能のある人が出た時期ですけれども、中退にあらずんば人にあらずみたいな気風がありました。特に文芸関係の世界では大学を卒業しているということがあります。そういうと軽く見られるということがありました（笑）。それで禍転じて福となすという感じで何とかやっていますけれども。横田さんの場合はいかがですか？

横田　私は仏教とは全く関わりのない家庭で生まれ育ちました。父親は鍛冶屋《かじや》の職人で、のちに鉄工所を営みますが、そんなに学問があったわけではありませんでした。

そんな父親から唯一受け継いだのは、一所懸命働くことです。父は純粋な職人気質で、一年三百六十五日、誰よりも早く仕事場に行って、誰よりも遅く仕事場から帰ってくる人でした。「職人がＰＴＡの役員になったり組合の理事長になったりして、背広を着て会議に出たりするようになったら終わりだ。職人は職人でいいんだ」と、よく言っていました。

父親から教訓めいたことはほとんど言われたことがない代わりに、いつも真っ黒になって働いている姿が強く記憶に残っています。そのお陰なのか、私ども男兄弟四人は皆、何とか道を間違わずに今日までやってきました。

五木　ドイツなどではマイスター気質といいますか、そういう職業的自尊心というものがあると言われますね。日本でも平安時代から技術者とか職人とか漁師といった人たちが「海山稼ぐ者」という言い方をされていました。「海山稼ぐ」というのは、貴族のように高い位に就いて家代々の立場でやっていくような人たちではなくて、世間の中で働きながら暮らしていくという意味です。

その当時大流行した今様《いまよう》という歌がありました。道を歩く男も女も「今様を口ずさみつつ歩かぬ者なし」と言うくらい、熱病のように流行したんですね。その今様の中に「儚きこの世を過ぎさむと海山稼ぐとせしほどに よろずの仏にうとまれて 後生わが身をいかにせん」という歌があるんです。儚いこの世の中をなんとか生きていこうと一所懸命働いて、海山稼ぐという庶民の生活を続けてきた。でも、神様仏様に将来のことをいろいろおすがりしようと思って頼んでも、お前たちのような下層の者たちの面倒は見られないと言って通り過ぎていってしまう。そんな「後生わが身をいかにせん」という嘆きの歌ですね。

「よろずの仏にうとまれて」というところが何とも切ない感じがするんですよ。

そういう「よろずの仏にうとまれて」いた人々に大丈夫だよと声を掛けたのが鎌倉新仏教の時代ではなかったかと思ったりします。

ですから日本はヨーロッパの近代化の流れよりももっと早く、庶民の信仰が確立された非常に珍しい国だというふうに思っているんですけどね。

横田　これは祖母からよく聞かされていたんですけれども、私の家系は親の代まで河原で鍛冶屋を営んでいたそうです。年に何回か水が出るので、付近の人たちはその度に家を畳んで陸《おか》に上がり、水が引くとまた家を組み立てていたんだと。私の父親はそんな暮らしから脱却したくて一所懸命働いたんだと申しておりました。

五木さんのデラシネとはまた違いますけれども、自然に逆らわない生き方ですね。『方丈記《ほうじょうき》』の鴨長明《かものちょうめい》も晩年、小さな移動式の家に住んでいたという話がありますけれども、水が出てくるのを前提にして、その前に家を畳んで陸に上がるという自然な生き方です。別にうちの家が特別貧しいのではなくて、そういう町が河原にできていたんですね。

五木　なるほど。

横田　ひょっとしたら私があまり物事にこだわらなくて、住むところもどこでもいいと思っているのは、ご先祖様の暮らしをどこかで相続しているからかもしれません。

◉自分の中に芽生えてくるものの正体

五木　先に禅の道へ進まれたいきさつをお話しいただきましたが、そうした環境も影響しているかもしれませんね。

横田　そうですね。先に申し上げたように、私の記憶の始まりは、二歳の時に祖父を見送った火葬場でした。当時の火葬場というのは粗末なレンガ造りで、母親が火葬の最中に煙が上ってくるのを指して「お祖父さんは煙になって空に還っていくんだよ」と言ってくれたんです。

その時から人間は死ぬんだ、死んでどこに往くのであろうかという疑問が頭から離れなくなりまして、仲間と遊んでいても、家族と団欒していても、そのことばかり考えていました。小学校の時からそうなんです。

答えを求めていろんな本を読みあさり、お念仏にもよく行きました。報恩講の話も天理の話もキリスト教の話も聴きに行きましたけれどもピンとこない。そういう中で行き当たったのが坐禅でした。これは何かありそうだ。よし、これをやっていこうと思ったのが十歳の時だったんです。

それからは、学校の勉強よりも坐禅のほうが大事でした。学校の先生はいくら偉そうなことを言っても、死についてはわからないだろう。でも禅宗のお坊さんは何かわかっていそうな気がすると、子供ながらに思ったのです。なぜそういうことを思ったのか。これはあまり信じていただけないし、また誤解されても困るのですが、幼稚園の頃、『般若心経』を見た時に、私はこのお経を知っていると思ったんです。そして一回か二回見ただけで覚えてしまったんですよ。

五木　それはすごい。

横田　初めて行ったお寺でも、なぜか行ったことがあるような気がする。お陰で子供の頃は随分変人扱いされたものです（笑）。

そういう生き方をずうっとしてきました。それが不思議なことに、この頃こういう立場になって死について話をしてほしいという講演を頼まれるんです。二歳の頃から考えていたことがお役に立つなんて、夢にも思っていませんでした。

この話をしても理解されないことが多いものですから、あまり触れないようにはしているんでございますけれど。

五木　いや、僕にはよくわかります。フランス語に「デジャヴ」という言葉がありますね。既視感といって、横田さんもご経験なさったように、あるお寺へ行ったら初めて来たような気がしないとか、この奥に五重塔があるはずだと思って行くと実際にその通りになっていたりする。そういうことってあるんですよ。そういうことがあるというのをちゃんと理解するのが理性というものです。

明恵《みょうえ》という人がいますね。法然を非常に厳しく批判した人ですが、あの人は少年時代にもう仏教への道を志しているでしょう。

横田　はい、十三歳の時に、「いまは早十三に成りぬ。既に老いたり。死なん事近づきぬらん」と言っていったのでしたね。私と同じ和歌山県のかたです。

五木　周りの人が、この子は美少年だからとても仏教なんかには進めないだろうと言ったら、自分で石の上に体を投げ出して顔を傷つけたという話もあります。

横田　そう、カミソリで自分の耳を削ぐんですね。

五木　ですから、そういう菩提心が早くから芽生えることはあるんです。二十歳過ぎて宗教と出合ったという人もいますけども、素質というものはやっぱりあるんです。それは天命だと思いますね。

横田　私の場合、それを自分で育んだという感覚は全然ないんです。過去何代かにわたって育まれたものをただ受け継いだだけ。まさしく相続したものと受け止めているんです。

坐禅に出合ってからは、先にもお話ししたように、もう自分はこれをやり抜くんだと思い定めて坐禅だけをずっとやってまいりました。途中で肩書がいろいろ変わりましたけれども、私自身はただ坐禅をして終わればいいとずっと思っているんです。

五木　もうその道に選ばれていて、逆らうことができない立場にいらっしゃるのかもしれませんね。一番辛いのは、本来別の道に進むべき人が、そうではない世界でじっと我慢しなければならない場合です。

横田　そういうかたは多いですね。

五木　違う生活に強く惹かれつつ我慢してサラリーマン生活を続けている人も多いですし、それを投げ出して新しいことを始める人もいる。いろいろですけれども、やっぱり何か自分の中に自ずから芽生えてくるものがあると私は思います。明恵みたいな心は、誰しも心の中にあるのかもしれないと感じるところはありますね。

◉運命という抗いがたい力がたしかに存在する

横田　五木さんの場合は、いまのご自分がどういうところで育まれたとお考えでしょうか。

五木　偶然ということもありますけど、父親が師範学校の教師をしていて、公舎が師範学校の校内にあったんですよ。そのため周りの子供たちと遊ぶ機会が全然なかったんです。公舎の隣が図書館で、父親が管理を任されていました。入ってはいけないと言われていたんですけれど、私は勝手に鍵を開けて中に入って、小学生の頃から適当な本を引っ張り出してわからないなりに読んでいました。その頃に読んだ本の中ですごく面白かったのが『碧巌録講話《へきがんろく》』だったんです。

横田　小学生の時にもう『碧巌録』に親しまれていたのですか。

五木　講話ですから易しく絵解きしてありましてね。もちろん十分理解できたわけではありませんが、そんな仏教関係の本の一冊に「心頭を滅却すれば火もまた涼し」とあったので本当かどうか試してみようと思って、自分なりに一所懸命気持ちを統一して蠟燭の火に手を近づけて火傷したことがありました（笑）。

横田　そうですか。それは初めてお伺いいたしました。

五木　それから、かつて、岡田虎二郎という人がいて、岡田式静坐呼吸法という呼吸法を考案して指導していました。父親がその岡田式静坐呼吸法をやっているのを見て興味を持って、見よう見真似でやり始めました。あれからもう七十年くらい自分流の呼吸法を続けています。何か健康法をおやりですかと聞かれると、ちゃんと吸って吐くことを大事にしていると答えるぐらいです。

横田　五木さんの呼吸法の本を読んでいて、これは多分岡田虎二郎の影響を受けていらっしゃるだろうなと思っていました。

五木　そうなんです（笑）。

横田　何かの本に岡田虎二郎のことを書いておられたのを読んで、あぁやっぱりそうだったと思いました。五木さんご自身は岡田虎二郎とは全然時代が違いますね。

五木　いまでも岡田さんの流れのかたたちは活動なさっていますけれども、岡田さん自身は大正期の人ですからね。かつて、岡田さんは整体法の野口晴哉《のぐちはるちか》と並んで民間療法の教祖的な存在だったんです。それで、首相を務めた近衛文麿《このえふみまろ》さんをはじめとして、ありとあらゆる知識人、文化人が周りに集まっていたんです。ところが、岡田さんが急死したんですよね。

横田　そう、四十九で亡くなっています。

五木　それで一斉に皆が離れたのですが、それから十年ぐらい経ってブームが再来して、父親はその時に出合っているんです。

そんなご縁で、息をするということが大事だというので、呼吸を整えるということに関してはずうっと自分流に七十年やってきたという経緯があります。それも出合いなんですね。あるいは一つの運命と言っていいのかもしれない。

横田　どこで生まれたかとか、どんな両親の下で生まれたかとか、全部運命ですね。

五木　いま横田さんのお話を伺って、すごくそういうのがピンと来るんですよ。天皇陛下の執刀医を務めたことでも有名な順天堂医院の天野篤先生と対談した時に、天皇陛下の手術をするのにためらいはありませんでしたかと伺ったら、自分の修めてきた医学を信じてベストを尽くすだけだと思って臨みましたとおっしゃっていました。とにかくすばらしい医学者でしてね。

その天野先生に、あの世というのを信じますかって聞いてみたら、信じるとおっしゃるんです。人間を物としてあれほど冷静に分析していく科学者が、人は死んで終わりとは思わないとおっしゃったのが非常に印象に残りました。こういう考え方は勉強して身に付いたものではなくて、もともとの資質というか、感覚として備わっているんじゃないかと思うんですよ。そういう人が一方で宗門に入り、一方で医学の道に進むこともある。これもやはり一つの運命だと思います。

ですから運命という抗いがたい力はやっぱりあって、それを人為的に変えることはなかなか難しいということでしょう。人生や人間の存在は不条理だと私が言ったのはそこなんですよ。その道に選ばれた人っていうのがたしかにいて、横田さんなんかはまさにそういうかただと思います。

横田　ありがたいお言葉です。友達からは「お前はいいな。坐禅が好きでそれで食っていけるんだから」と羨ましがられるんですけれども（笑）。

五木　いや、たしかに。見方によっては道楽を商売にしている（笑）。

横田　本当にその通りでございまして、自分のやりたいことをやって暮らしておりますから、ありがたいんです。それで修行をしているなんて皆さんが尊敬の目で見てくださる。でも、先にも言いましたように子供の頃は変人扱いでしたから。

五木　変わり者だったのでしょうね。

横田　親も口癖のように「あなたが一番心配だ」と言っていました。長男は大手建設会社に入りましたし、三男は地元の信用金庫で支店長をやっています。四男は家業を継いで鉄工所をやっていますからね。でも、管長になってからは「あなたが一番いいところに勤めたわね」と（笑）。この頃は近所の仲間を連れて鎌倉まで私の法話を聴きに来てくれています。それで「うちの息子だ」と言って自慢をしているようです（笑）。

五木　なるほど。子供の頃の話は興味深いですね。タイガー・ウッズというプロゴルファーは、三つぐらいからパターを持って遊んでいたそうですが、これも単に与えられたおもちゃを楽しんだというのではなくて、ゴルフの道に進むように、きっと選ばれた人間なんでしょう。それは謙虚に認めなきゃいけないと思いますよ。

横田さんが幼少期に菩提心を抱かれたというのも、もうそういう道に進むべくして生まれてこられたということかもしれません。これをどう捉えるかです。運命を切り開いてそこへ達したというんじゃない。素直にご自分の道を歩んでいたらここへ辿り着いたということでしょう。これも一つの運命だと思いますけど。

横田　本当におっしゃる通りなんです。決して大層なことをやってきたわけではありませんから。

◉運命とは親から相続するものでもある

横田　五木さんの場合も、たくさん本がある環境に育ったことで作家の素養が養われた面もございましょうね。

五木　今にして思えば、そうかもしれないですね。

横田　先ほど初めてお伺いしましたけれど、なかなか小学生で『碧巌録』を読んで感動する子はいないと思います（笑）。

五木　最初は父親の持っている『宮本武蔵』とかを読んでいたんですけれど、そのうち読み尽くしてしまって、読むものが他になくて手を伸ばしたんですよ。その時に、なんだ、これはと。

横田　漢詩のリズムがいいなぁと思われたのも、そういう環境の賜物だったのでしょうか。

五木　ええ。私は詩吟《しぎん》が結構好きでした。当時の日本人は詩に対する教養はすべて漢詩だったんです。ですから政治家から学校の先生まで漢詩を書いたり読んだり、宴会の席で詩吟を詠《うた》ったりというのがふつうの教養としてありました。

私は九州の生まれですから福岡の大宰府で菅原道真が詠んだ、

「去年の今夜　清涼に侍す
秋思の詩篇　独り断腸
恩賜の御衣　今此に在り
捧持して毎日　余香を拝す」

という歌などは小学生の頃にわけもわからぬまま吟じていましたし。

横田　いまのお話で思いましたのは、私は若い僧侶を教育する立場にもあるのですけれど、いまの子たちは学校であまりやらないものですから漢文にほとんど触れていないんです。しかし、漢文の語感やリズムは十代の頃に触れて養っていかないと、大学を出てからやってもなかなかいい漢詩を作るのは難しいと思います。

五木　そういうことを踏まえてみると、最近の日本は戦前のように右傾化してきているんじゃないかと警鐘を鳴らすジャーナリストがたまにいますが、私はそうは思わないんです。ローマは一日にして成らずと同じように、戦前は一朝にして成らずですよ。われわれ戦前の人間は、やっぱり明治以来百年近く費やして確立された教育に育まれて軍国少年になっていったわけですから。そういう気運はいまの時代には全然ないと思うんです。

その意味では、私が小学生の頃の教育というのはすごく偏っていて、その頃植え付けられたものがいまだに体に染みついていて消えないんですよ。若い頃に宴会の席で先輩から何かやれと言われて、海洋少年団に所属していた時に習った手旗信号をやって笑われたこともありました。それからツートト、ツートトというモールス信号もいまだに忘れられない。そういうことからも、少年の頃の環境がいかに大事かということは痛感しますね。

こんな話をしていると思い出すんですけど、戦争から帰ってきた軍人たちが軍歌を合唱して騒いでいる時に、静かにしてくれって文句を言いに行ったことがあります。そうしたら「おまえたちみたいに、戦中に安穏《あんのん》として銃後にいた奴らには俺たちの苦労はわからんだろう」と言われたので、「戦争は兵隊だけがやるものじゃない。われわれも少国民として銃後を支えていろいろやってきたんだ。そんなに軍人軍人と威張るんだったら『軍人勅諭』でもちゃんと言ってみろ」と言い返したんです。

そうしたら「そんなものはすぐに言える」と、「一、軍人は忠節を尽すを本分とすべし。一、軍人は礼儀を正しくすべし。……」と始まったので、「そうじゃなくて本文も全部言ってみろ」と言うと「そんなもの言えるか」と。

そこで「じゃあ少国民の僕が言ってみよう」と言って、

「一つ、軍人は忠節を尽すを本分とすべし。

凡生を我国に稟くるもの、誰かは国に報ゆるの心なかるべき。

況して軍人たらん者は、此心の固からでは物の用に立ち得べしとも思はれず。

……」

と「軍人勅諭《ちょくゆ》」を全部諳《そら》んじてみせてびっくりされたことがあります。

「教育勅語」「青少年学徒ニ賜ハリタル勅語」「軍人勅諭」「戦陣訓」、そういうものが頭の中に拭いがたく残っているんですよ。ですから菩提心というものも少年の頃や子供の頃に芽生えたものが一番大事だというふうに私は思います。

一方で、父親からも実に多くのものを相続しているんです。そう思うと、やっぱり自分一代ではなくて、父親との関係というのも宿業の一つのいい面であろうと思っています。悪い面もいろいろ引き継ぎましたけどね（笑）。

横田　お父様が教師をなさっていたというのは、五木さんがいま人生をテーマにした作品をたくさんお書きになっていることと関係あるかもしれませんね。
ご自身ではご両親からはどんな影響を受けられたと思われますか。

五木　母親が福岡の女子師範の出身なんです。父親が小倉師範学校で、いま両校は合併して福岡教育大学になってます。俳優の武田鉄矢さんの先輩になるらしい。

二人とも貧しい農家の出身者で、当時はお金をかけずに教育を受ける道というと、逓信省に行くか税務署に行くか警察官になるか、あるいは軍人になるか鉄道員になるか、それ以外では師範学校の給費生として給料を貰いつつ勉強をするしかなかったんです。

母親はちょっと文学少女っぽい人でしてね、軍歌の全盛期にオルガンを弾きながら北原白秋《きたはらはくしゅう》、西条八十《さいじょうやそ》、野口雨情《のぐちうじょう》といった叙情歌や童謡を一人でよく歌っていました。私が歌が好きで、ラジオなんかで歌謡曲の話をよくしたりするのは、たぶんそういう影響を受けているからだと思います。

横田　『致知』の連載で美空ひばりさんが『リンゴ追分』を歌う時の息継ぎの話を書かれていましたね。私、あの話が好きなんです。われわれの世界にも通じます。お経も一緒で、息は長いほうが相手の心に響くんです。ここで息継ぎをしてはだめというところがあるのですが、それを横着して、途中で息を継いだりするとお経が死んでしまう。お経は呼吸なんですね。

だから私はあのページをコピーして若い者たちに見せて、「君らがお経を読んで気に入らないのは、ここで息を継ぐからだ。ここは一息で読まなきゃ聴いている者には響かない。美空ひばりの歌もそうなんだ」と言っているんですよ。

五木　そうですか。そこで息をするとしないとではお客さんの反応も違うって言いますからね。そういうのが敏感にわかるんですね。不思議なものです。

横田　呼吸は大変大事でございます。

それにしても五木さんはご両親から別々のいい情緒を得られましたね。

五木　父親からは堅いものを、母親からは軟派のものを受け継ぎました。ですから、いまの時代に運命というような言い方をされているものは、ある意味では相続かもしれないというふうに思いますね。

◉人事を尽くさんとするはこれ天の命なり

五木　ここまで運命についていろいろお話をしてきましたが、運命とよく混同される言葉に天命という言葉があります。二つはよく似ているようで、どこか大きく違う。運命という考え方は、どこか一方的な受け身の考え方ではないでしょうか。これに対して天命とは、進んでそれを肯定する、認めて参加する感覚があります。私は五十を過ぎた頃から、この天命という言葉を強く意識するようになりました。「人事を尽くして天命を待つ」という言葉がありますね。私はそれを「人事を尽くさんとするはこれ天の命なり」と勝手に読んでいるんです。天の命によって自力を尽くそうとするんじゃないかと考えて、読み方を自分流に変えてまして。

横田　なるほど。人事を尽くさんとするはこれ天の命なり、と。

五木　むかし対談をした石原慎太郎さんが、私がよく他力について書いているのを憶えておられて、五木さんは他力なんてことを言うけれども、宮本武蔵が吉岡一門との決闘に臨む時に、通りかかった神社で手を合わせようとしてハタと思い止まったと。神仏に武運を祈るようでは負けも同然だと思い直して、自力で戦いに臨んで勝った。だからやっぱり自力が大事なんだよって言われた。

そこで私は、いや石原さんそれは違いますよと。武蔵が手を合わせようと思った時に、神仏に頼るようじゃダメだぞって囁《ささや》いたのが他力の声なんだと。彼はその他力の声にさとされて合掌するのをやめ、戦いに向かったんだから、他力は自力の母なんだって言ったら、またまたあんたはうまいことを言ってごまかす、と笑っていました（笑）。

私は、自力を尽くそうという思いは天の命によって生じるものだと思っているんですよ。

横田　考えさせられるお話ですね。
　私も天命なんて考えたこともありませんでしたけれども、管長になったばかりの頃に東日本大震災があって、宗派の会議で管長の私が被災した寺院に義捐金をお届けすることになりました。もともと車に酔う体質で三十分も乗れば気分が悪くなるほどだったんですが、その時は電車も何も通じてませんから車で行くしかない。でもその時は、車に酔うことを忘れていたんです。それどころじゃなかったんですね。その時でしたね、考え方が大きく変わったのは。
　それまでの私は、寺に籠もって坐禅さえしていればいいんだ、自分の一生はそれでいいんだと思っていたのですが、何かのために寺を出て行動を起こさなければならない、これまで自分がやってきたことが人様のお役に立つのであればできる限りのことをしなければ、と思うようになったんです。天命というと何かおこがましい気がしますけれども、私の場合もそういう転機が訪れたのが不思議と五十の時でございました。
五木　そうですか。横田さんも五十歳の時に。

横田　ただ前のほうでいただいたお話とも関連するんですが、それは自分でそういう心境に至ったというより、親よりも前のずっと遠くから受け継いできていたものがそこで現れたという感覚があるんです。

では、この感覚はどこから来たのか。誰かの生まれ替わりであるとかそういう感覚は全然ないのですが、何か遠いところから受け継いだものがあるように思いました。それを運と言えば運なんでしょうけれども、運ばれてきたものを次の代へ運んでいく。自分のやってきたことがそのひと時の務めの中で何か人様のお役に立てばいいと私は考えているんです。

◉社会的に報われない人たちに温かい目を向けた夢窓国師

横田　歴史上の人物を見ると、そういう自分の手本となるすばらしいかたがたくさんいらっしゃいます。

例えば夢窓国師《むそうこくし》は、天龍寺舟という貿易船の派遣を通じて得た莫大な利益を天龍寺の造営に充《あ》てました。最初はひたすら山の中に籠もっていたんですが、五十歳くらいから足利尊氏《あしかがたかうじ》や後醍醐《ごだいご》天皇といった政権の中枢の人々と接点を持つようになり、別人格かと思うぐらい活発に活動をするんです。夢窓国師については、大半の人がそういう晩年のことしか知りませんから世俗的なイメージを持たれるんですが、五十歳くらいまでひたすら山の中に籠もって、そこで積み上げた功徳によってあれほどの活躍ができたのではないかと思っております。

五木　これも『十牛図』でいう「入鄽垂手」ですね。私は「垂手」という言葉すごく好きなんですけどね。自然体でという感じだろうと思います。

　夢窓国師は宗教的にあまり存じ上げないのですが、造園で有名ですよね。金沢の兼六園なんかそうじゃありませんでしたか。

横田　はい。天龍寺のお庭も国師によるもので、至るところに庭を造っています。坐禅をして悟るというのは一部の人にしかできないだろうけれども、綺麗な庭を見て、ほんのひと時でも心が清らかになってもらいたいという願いがあったんですね。

五木　それから造園を通じて経済を刺激して、多くの人に仕事をもたらしましたよね。当時、造園作業に従事する人たちを「山水河原者《せんずいかわらもの》」と呼んでいましたが、夢窓国師はそういう社会の底辺にあって蔑視されていた人たちに、造園を通じて自信と誇りを与えたんです。

横田　なるほど。

五木　昔、小倉の屋台でお酒を飲んでいた時に、傍にいた年老いた労務者のかたがたが、「あの若戸大橋は、俺が若い時建設に参加したんだ」「俺は黒部ダムの建設に行ったことがあるぞ」と自慢し合っていましたが、それが彼らの人生の誇りになっているんですね。

蓮如という人は山科《やましな》本願寺とか石山本願寺といった当時の大名の屋敷も及ばないような豪華な寺を建てるのですが、それは単に豪華なところに住みたいというのではなくて、あれはケインズの言うところの公共投資なんですよ。それによって経済を刺激し、多くの人たちに働く場を与える。と同時に「山城本願寺の瓦の一枚は俺が焼いたんだ」と山水河原者と呼ばれている人たちに誇りを与える大事業なんですね。
夢窓国師の造園も、単に芸術的感覚を発揮しただけではなく、多くの人々に生きる糧とプライドを与えたわけでしょう。大きな入鄽垂手の実行だと思って、尊敬しているんです。

横田　これはあまり一般には知られていないのですが、夢窓国師については、戦乱の犠牲になった多くの死者のために祭壇を設けて供養を始めたことが、わかっています。

五木　じゃあ、もしもあの時代に東日本大震災のような災害が起こっていたら、当然供養をおやりになったでしょうね。

横田　そうですね。禅宗で先祖供養をするのは、この夢窓国師の影響だというのを学びました。五木さんがおっしゃるように、社会的に報われない人たちに温かい目を向けておられたんでしょうね。

◉近代日本に失われた「怨親平等」の意識

横田　最近、私が一番関心を持っていることで五木さんのお考えもお伺いしたいと思いますのは、令和の「和」ということなんです。私どもの円覚寺では昔から「怨《おん》親平等《しんびょうどう》」ということを言っています。これは敵も味方も平等に弔う、供養するという意味なんですね。

円覚寺は元寇のあとにできましたけれども、元寇で命を落とした日本の兵士のみならず、攻めてきた元の兵士も平等に区別をせずに弔うというのが開創の根本精神です。それがその後も続いてきて、例えば夢窓国師が足利尊氏に後醍醐天皇を弔うように進言して天龍寺を建てるというように、戦った相手も排除せずにきちんと弔うという伝統がございました。

中村元《はじめ》先生がこのことに触れておられて、戦うのはやむを得ないけれども戦ったあとは平等に供養するという尊い和の精神が日本にはずっとあったと。同時に、明治維新以降、日本が近代国家になるにつれてその和の精神が失われてしまったというわけです。中村先生はその例として靖国神社を挙げています。靖国には官軍だけを祀って、官軍に弓を引いた者は祀らない。そういう思想に変わっていったことが尾を引いているのではないかと言われています。

これを読んでなるほどなあと思ったんです。ブッダの有名な教えに「実にこの世においては、怨みに報いるに怨みを以てしたならば、ついに怨みの息むことがない。怨みを捨ててこそ息む。これは永遠の真理である」（『法句経』五）とあります。これはサンフランシスコ講和会議の時にセイロン（現在のスリランカ）代表として出席したジャヤワルダナが引用した言葉でもありますが、仏教の根本精神を表しています。日本人はその精神によく適合したのか、敵味方を平等に供養してまいりました。源平の戦いの時の熊谷直実と平敦盛もいい例ですね。直実は敵であり自ら首を取った敦盛を一所懸命供養しました。

そんな例を歴史の中から拾い上げてみるとかなりあります。でも、日本が近代国家になるにつれて、そういう精神は失われてしまった。靖国問題の根本はそこにあるという指摘を中村先生はされたのですが、言われてみるとそういう一面があるのではないかと私も思うのです。

昨今の例で言いますと、武道とスポーツの違いといいますか、武道の世界ではいまでも勝った者は敗者の心境を慮って跳び上がったりガッツポーズをしたりはしませんね。剣道などはそれを固く守っています。でも、なかにははだいぶ変わってきているものもあるように思います。そういうのはどう思われますでしょう?

五木　僕はオリンピックや世界選手権の試合を見ていて、なんとなく負けたほうの礼の仕方が粗雑《そざつ》になってきたように思うんですね。

横田　勝ったほうではなくて、負けたほうの礼ですか?

五木　ええ。勝ったほうは余裕があるから一礼しますけれど、負けたほうはムッとした表情を見せたり、いいかげんな礼をして憤然として戻っていきます。あれはみっともなくて嫌ですね。相撲でもそうですね。最後に一礼する時の仕草を見ていると、敗者の礼儀がすごく悪くなってきている。

横田　ああ、敗者の礼儀ですか。なるほど、それは面白い見方ですね。気がつきませんでした。

五木　私は百寺巡礼をやっていた時、東北を征伐した征夷大将軍たちが、自分たちが征伐したまつろわぬ民を供養するためにつくった寺がいくつもあることを知って非常に感動しました。

金沢に公共墓地では日本一と言われる野田山墓地というものがありますが、そこに日露戦争の戦没者のお墓があります。将校の墓はちょっと立派ですけれども、「卒」とか「軍卒」といって兵士にならずに軍属として軍に徴用された人たちの墓もあります。それと同時に日本で亡くなったロシア兵の捕虜の立派な墓が並んでいます。日露戦争の捕虜が何千人か金沢に送られてきていたんです。当時の北國新聞を読むと、「彼らは敵兵と雖も国に準じて愛国のために戦った勇士なのだから、くれぐれも市民は侮辱的な言葉を吐いたり罵ったりしてはいけない。敬意と尊敬を以って遇せよ」といったことが繰り返し書かれています。

金沢には富山・石川・福井出身の兵士から編成される師団がありました。この師団が二百三高地あたりでたくさんの死者を出しました。金沢は戦争で焼けていないから下町の古い町並みが残っています。そこを歩きますと、壊れかかった家の柱に錆《さ》びた金属プレートが掛かっているところがあります。そのプレートに「遺族の家」と書いてある。この家の息子さんが日露戦争で亡くなったという印なんですね。

ものすごくたくさん死んでいるので、心の中には当然ロシア兵に対する恨みはあるんです。にもかかわらず、ロシアの捕虜が金沢に来ると市民一同、敬意をもって遇しました。お寺とか兼六園《けんろくえん》に分散して収容されたあとは食事もきちんと出して、外出もさせました。時には慰問の演芸会をして慰めたほどです。そして亡くなったらお墓をつくった。野田山墓地には日本で亡くなったロシア兵捕虜の墓がずらりと並んでいます。あれは感動的です。その頃はまだ横田さんが言われたような「怨親平等」という意識があったわけですね。

横田　そうですね。松井石根《いわね》という南京戦の大将は、日露戦争の頃までは軍人にも怨親平等の心があったというようなことを言っています。ところが、松井大将が南京入城後の慰霊祭の時に中国側の死者も一緒に弔うように言ったら、周囲の人たちから日本軍の士気に関わるからという理由で反対されたと。それを受けて松井さんは「私は日露戦争の時、大尉として従軍したが、その当時の師団長と、今度の師団長などと比べてみると、問題にならんほど悪い」と慨嘆しています。（『平和の発見　巣鴨の生と死の記録』より）和の精神が失われたと嘆いているんです。

五木　日露戦争の時の乃木大将とロシアのステッセルの旅順郊外での会談は立派なものでした。乃木大将は敵将ステッセルを最大の敬意をもって迎えました。そして両者がともに贈り物までしました。ステッセルは乃木大将に愛馬を献じて、乃木大将は学習院の院長になったあともその馬をものすごく大事にして、いつも乗っていたといいます。

一方のステッセルは故国へ帰ったあと軍法会議にかけられ、敗戦の責任をとらされて悲惨な目に遭いそうになります。その時に乃木大将が助命嘆願の運動をするんですよ。戦局の不利の中で戦った結果そうなっただけで誠意は尽くしたと言って。これはあまり知られていませんけれどね。

横田　そうですか。それは知りませんでした。

五木　そういうふうに明治の頃までは惻隠《そくいん》の情《じょう》というものがあったのでしょうね。それがいつの頃からか変わってきてしまった。

横田　そうなんです。その変わってきた延長線に現代の様々な問題があるのではないかという思いは禁じざるを得ないですね。

　学生時分に松原泰道先生のお側にいて、ある若い学生が大学受験に受かったと報告に来たことがありました。その時に松原先生は「おめでとう」と祝福すると同時に「あなたが受かったということは落ちた人もいるんだから、喜ぶ前にそのことを思いなさい」と言われました。私にはそれが非常に印象に残っています。

五木　ああ、本当にそうですね。

横田　かつては試験結果を発表する場ではあまり騒がなかったものです。家に帰ってから喜んでいました。でも、この頃は万歳をしていますからね。

五木　やったぁーって跳び上がったり、胴上げしたり。

横田　そういうのを見ると、ちょっと違和感があります。

五木　いまの時代がそういうふうに少しずつ変わってきたのかもしれませんけれども、ちょっと寂しい気はしますね。

横田　そう思いますね。「和」を掲げる日本人として「怨親平等」の精神はもう一度、取り戻さなくてはいけないという気がいたします。

◉八十歳、九十歳の人たちの言葉が求められている

横田　先ほどの天命の話に戻りますと、私は人様のお役に立つことが一番の功徳になると思い、日々の務めを通じてそれを実行することが自分の天命と思い定めているのですが、五木さんにはご自分のお仕事は天命だという思いはございますか。

五木　そうですね。最初は食っていくためにやっていた仕事ですけども、最近は仕事という感じがなくなってきました。

横田さんのお父様が鍛冶職の仕事に宗教的な熱意を持って取り組まれていたという話をなさいましたけど、私はものを書く仕事もそういうものだと思っていいま

人様のお役に立つことが一番の功徳になると思いますし、日々の務めを通じてそれを実行することが自分の天命と思い定めています。

――横田

す。自分の内面を表現しようとか、偉大な思想に近づこうとかいうことではなくて、人生に疲れた、あぁもう嫌だと思っている人に、自分の書いたもので一瞬でもいいから慰めをもたらしたい。先にもお話ししたように、抜苦与楽が大事だと思いますね。

横田　書くことを通じて徳を積んでおられるわけですね。

五木　だから、私は仕事ができる間は生きたいと思っているんです。

横田　何歳ぐらいまで生きようという思いはございますか?

五木　できれば長く生きて世の中の移り変わりを見たいんですよ。いまの世相について反知性主義なんて言われていますけれど、トランプのアメリカが将来どうなるのか、フランスのナショナリズムが果たしてもう一度第一次世界大戦のようなものを巻き起こしていくのか、アジアの新興国家がどういう道を歩んでいくのか。日本にしても、使用済みの核燃料をどう処理するのか、百歳の人ばかりになったら社会はどうなるのか。今後の行く末にすごく興味があるし、それをこの目で見たいという好奇心はあります。

自分の内面を表現しようとか、偉大な思想に近づこうとかいうことではなくて、人生に疲れた、ああもう嫌だと思っている人に、自分の書いたものでー瞬でもいいから慰めをもたらしたい。

——五木

この仕事を成し遂げて死にたいとかいうのは何もないですけれども、そういういろいろな好奇心がありますから、まともな文章が書ける間は、仕事をしていきたい。政府に言われなくても、働ける間は働く。働けなくなった時はこの世を引退する時だから、一日でも長く働きたいと思っていまもいくつか連載をやっているし、連載をやっている以上は迷惑をかけられないから生きていくんです。

もちろんそれもできない時は仕方がありません。いくら自分がそう思っていても、兼好法師が言っているように、死というのは前からやって来るものじゃない。後ろから突然やって来てポンと肩を叩かれれば、そうですかって受け入れるしかありません。一見健康に見えますけども、いつ引っくり返るかわからない（笑）、人生ってそんなものですから。

ただ気懸かりなのが自分の仕事部屋です。あまりに雑然として汚いのを人に見られたくないんですが、なかなか片付かない。もしかすると、それが長生きの秘訣かもしれないですね（笑）。

横田　やっぱり五木さんは勤勉ですね。さらに養生の技術に磨きをかけて頑張っていただきたいものです。

五木　これから先の人生百年時代では、八十歳、九十歳の人たちの言葉というのも世の中に必要だという思いもあります。明治の文豪は、樋口一葉が二十代で亡くなっているし、森鷗外も夏目漱石も皆早く世を去っていて、七十歳以上で人生の意義を書いた作家というのはなかなかいないんですよ。ですから、人生百年時代のささやかな証言者として、天命の許す限り仕事を続けていきたいですね。

横田　すばらしいですね。そのように人様のために何かお役に立つというのは、一番の人徳であり、それによってよい運がもたらされるものと私は思います。

第七章　人生に活かす仏教の教え
――もう一人の自分に気づく

◉仏教の根底にある慈悲の心

横田　お伺いしたところでは五木さんは若い頃に坐禅の修行に入られたことがあるそうですね。

五木　まったく修行というほどではないのですけれど、文藝春秋の企画で永平寺に一週間ほど行かされたんです。

横田　一週間も。いかがでしたか？

五木　私は口舌の徒で喋ることが生きがいのような人間ですから、ものを言えないというのが一番つらかったですね。食事の時も黙っていろ、風呂に入っている時も黙っていろというわけですからね。沈黙の行というのは大変でした。真冬でしたから寒いとか足の裏が冷たいというつらさもありましたが、そんなことよりも黙っているのが一番つらかった（笑）。

横田　おいくつぐらいの頃の話ですか。

五木　三十代ですね。

横田　何か得るものはありましたか。

五木　いやあ。食事の時に偈を唱えてからご飯を食べるんですが、沢庵をパリっと噛んだら、じろっと睨まれたんですよ。それがあって禅宗のお寺さんでは食べ物に気をつけなきゃいけないないなと思いました。

その後、京都の宇治にある隠元さんが建てた黄檗宗《おうばくしゅう》の寺で食事をする機会がありました。永平寺で厳しく食事の作法を言われたので、「このお寺の食事の作法があったら教えてください」と聞いたら、「いや、うちのモットーは和気藹々《わきあいあい》です。喋っても何をしてもかまいません。楽しくやってください」と言われて、同じ禅宗でもいろいろあるなとびっくりしたことがありました（笑）。

それ以降は修行のようなことはしたことがないのですけれど、とにかく正坐して呼吸法だけは続けてきました。ある意味では、休筆宣言をしたというのが一種の行だったかもしれない。喋らないというのは大変ですが、原稿を書いて生きている人間が書かないというのも大変なんです。休筆というのは作家にとっては断食みたいなものですから。

横田　音を立てないで食事をするというのは禅寺の厳しい作法だというように思われていますね。私もこれは厳しい禅の修行だと思っていたんですが、なぜ音を立てたらいけないのかということが、ある書物を読んでいてハタとわかったんです。それはこういう理由なんです。昔は食事が十分に食べられず死んでしまった人たちが大勢いました。その霊がさ迷っていて、食事の時に音を立てると、そういう餓鬼を苦しめることになる。だから謙虚に静かに音を立てずに食べるのだと。自分たちだけが食べるのではなくて、食べられずに死んだ人たちへの配慮なんですね。

それを知ったのは修行に入ってずうっとあとになってからなんです。私どもの禅宗はそういう説明をいちいちしないものですから、それを読んで、あ、なるほどと合点がいきました。たしかに昔は食べられない人が多かったですからね。ひょっとしたら餓えた者が寺の軒の下にいたのかもしれないですね。だから中でカチャカチャ器の音を立てたりしてはいけないんだと。

それを読んで、ちゃんとものには意味があるんだとわかりました。

五木　そうですね。昔は凶作、飢餓なんていうのが繰り返しありましたから、布施で生きている人間としては周囲に対して控えめにという、そういう謙虚な姿勢なんでしょう。

横田　ええ。ところがいまは、そういう由来を忘れてただ静かにしろと言っている。下手をすると「うるさい、静かにしろ。音を立てるな」と怒鳴っているほうがかえってうるさい（笑）。全く愚かなことをしています。

それからこれも最近知ったのですけれども、よく南方のお坊さんがお昼過ぎは食べないといいます。これも随分厳しい規則だと思っていたのですが、お伺いしてみるとブッダの時代は朝、実際の食べ物をいただいてくるわけですから、南方であたたかいのでお昼過ぎまで置いておくと腐ってしまって体を壊すかもしれないという理由があるようです。

五木　温度や湿度の高いところですからね。

横田　ええ。だからいただいたものはお昼までに食べなさいと。これはブッダの慈悲の心なのかと知って、なるほどなぁと思いました。ところが、それが決まりになって「昼からは食べるな」となってしまうと、何かずれてしまう。人を思いやるというか本来はもっと意味があって、仏教の根底には慈悲の心が至るところにあるんだということを自分で学んで、ようやく少しずつわかってきました。

五木　たしかに物事にはちゃんとした理由がありますね。

◉「慈」は与楽、「悲」は抜苦

横田　ブッダの「もし、なんじらが、慈悲のこころを修め、それをたびたび繰りかえして、すっかり身につけてしまったならば、それを土台として立ち、そこに安住することをえて、もはやなにものをも恐れることなきにいたるであろう」（『雑阿含経』より）という言葉があります。これは梵天勧請の話とつながるのですが、仏教の根本精神はブッダが人々に対して慈悲の心を起こしたところから始まるわけですから、弟子たちにも慈悲の心を根本として、慈悲の心に安住するようにして生きろと言っているわけですね。そうすれば恐れることはない、と。

ただし、そのためには相当鍛錬が必要である、とも言っています。慈悲の心は本来持って生まれたものだという言い方もしますけれども、それは努力して鍛えなければならないものだということを経典の中で言っております。なので、やはり慈悲の心を保ち続けるように努力をしなくてはいけない。ブッダの教えの一番の基本は精進努力にあると思いますから、それを示しているようですね。

五木　なるほど。いまは京都ブームで、海外から大勢の観光客が神社仏閣を訪れて来ています。ガイドの方の説明を側で聞いていると、仏教というのは智慧と慈悲の教えですと言っている。これはだいたいそうだと思いますね。

横田　その通りです。

五木　その中でも慈悲というのは、さらに慈と悲の二つに分かれる。慈と悲の違いというのは、慈は頑張れということで、悲はもう頑張らなくてもいいということだと私は言っているのですが。

横田　それは面白い解釈ですね。

五木　要するに最初の頃のインドの部族は原始社会で、血縁関係だけでまとまって住んでいたのでしょう。ところが、どんどん時代が進歩してくると、ガンジス川とかインダス川などの河口に市場経済が発達してきて、そこへ都市ができます。都市ができると血縁のグループだけではなくて、いろんな人たちが一緒になって共同生活をしなければいけません。たくさんの人が一緒に住むインドは、ものすごく言語が複雑なんですよ。もう何十という言語があって北と南では話が通じないんです。言葉も違うし、感じ方も違う。肌の色も顔立ちも、アーリア系とドラヴィダ系では全く違います。

原始社会では人々の絆というのは血によって結ばれますが、ありとあらゆるものが違う人たちが一か所に住むとなると、集合体をつなぐ新たな共通の精神が必要になります。そこで初めて「血」ではなく「慈」という感情が生まれてくるわけです。

例えば、道端で子供が転んで膝を擦りむいて泣いている。「あれはどこの子だ」「うちの親戚の子だ」「それは大変だ」といって助け起こすのではダメなんです。そうではなく、「どこの子かわからないけれど、怪我をしている子供がいるからなんとかしてあげよう」と考える。これが「慈」という言葉です。だから「慈」を訳すとするならば、「ヒューマニズム」か「フレンドシップ」かのどちらかだと思います。

そういう人間の連帯というか人間はみんな家族兄弟であるという感覚がないと、都市生活はできないんです。そこに生まれてくるのが「慈」という感覚です。

横田　なるほど、なるほど。

五木　では、「悲」とはどういうものかというと、人間には激励してもどうにもならない時がありますね。「もう言わないでくれ」という時があります。例えば末期癌の人を見ていて、「必ず治りますよ、新しい手術がありますから大丈夫ですよ」というようなことを言えば言うだけ、相手は「もう言わないでくれ。俺はもうちゃんと覚悟してるんだから」という気持ちになるでしょう。その時に「頑張れ」と言うのは非常に酷だし、聞いているほうは嫌なんですよ。どうして頑張れなんて言うんだと思ってしまう。
それに、人の痛みや苦しみを自分が半分引き受けたいと思っても、それはできないですよね。どんな思いがあっても、人の苦しみはその人の苦しみであって、それを半分自分が分けてもらって背負うことはできません。ではどうすればいいかというと、無言のまま自分の無力感に打ちひしがれながら、その人の隣に座ってじっと相手の顔を見ていることしかないんです。その時のなんとも言えない無力感、ため息のことを「悲」と言うのでしょう。
だから「悲」というのは、共感、共苦する心です。分けてもらうことはできないけれども、その人の痛みはよく自分の心に伝わっている。だから、共に痛み共に苦しむ。そうすると、頑張れと言われなくても、相手は「ああ、この人は自分の痛みや悲しみをわかってくれている」という気持ちになるのではないか。

横田　そうですね。

五木　この人を助けたいと思っても自分にはできることはないんだと深いため息をつく。そのため息の感情が「悲」というものだと私は勝手に解釈しているのです。

キリスト教にも悲の感情はありますね。哲学者の西谷啓治さんというかたがどこかで話されていたのですが、台湾に行って帰ってきて、一つだけおみやげの代わりに覚えてきた言葉があったというんです。それは「チャンタン」という言葉で、「可愛い」と「愛する」と「痛み」が一つになったような意味合いの言葉なのだそうです。字で書くと「痛疼《チャンクン》」となる。

『万葉集』でも「哀し」と書いて「つらい」と「愛しい」という意味を同時に表現しています。私の故郷の福岡では「この赤ちゃん、むぞかねぇ」と言うんです。「むぞか」というのは「かわいい」という意味ですが、同時にかすかに「かわいそう」という語感もどこかにあります。こんなふうに世の中に生まれてきて、将来一人で苦労して生きていかなければいけないのか、かわいそうだなという思いが、かわいいという気持ちと同時にひそんでいる。

ですから「慈悲」というのは、愛だけではなくて、そこには痛みも伴っている。愛だけなら建設的で前向きで希望があるけれども、そこには必ず痛みがある。だから「慈悲」という言葉には陰影があるんです。

横田　いまの解釈は大変興味深いですねぇ。われわれはついつい学んだ言葉で解釈してしまいますけれども、五木さんがご自身の長い人生の間で体験された実感から出てきた解釈ですね。無力感に打ちひしがれるということが大事なんでしょうかね。それは決して役に立たないのではなくて、そういう人がいてくれることが大きな力になっていくということでしょうね。

五木　僕は横田さんの前に出るとなぜか喋りたくてしょうがなくなるからついいろんなことを話してしまうのですが（笑）、戦後ものすごく多数の人が海外から引き揚げてきました。私は博多に引き揚げてきましたが、諫早とか敦賀とかあちこちに引き揚げてくる人たちがいました。特に満州とか北朝鮮あたりからは、本当に悲惨の極として引き揚げてくるんです。

博多の入り口には検疫所がありましてね、僕らはお尻の穴まで検査されて、体中が真っ白になるまでＤＤＴを吹き掛けられるという屈辱的な目に遭いました。年頃の女性は性的被害を受けてないか検査を受けました。不法妊娠と言っていましたけれど、ソ連兵とかにレイプされて妊娠している人たちがいるんです。病気をうつされた人もいました。こういう女性が釜山の日本人会の調査では二〇%ぐらいいたといいます。

不法妊娠をしていた人たちはトラックに乗せられて四日市の療養所に連れていかれて、法律外の形で堕胎手術を受けました。麻酔薬がないので麻酔なしでやったそうですが、誰も悲鳴を上げなかったといいます。当時は不法に搔爬《そうは》しているので、表に出ると医師たちは医師免許を剝奪《はくだつ》されてしまいます。それでも、女性たちが村に帰って青い目をした赤ん坊を産むことを考えるとそのままにはしておけないというので、若い医師たちがボランティアで集まってきて手術をやっていたのです。

政府はそれを公認できないので黙認していました。その代わりに宮家の高貴な身分のかたを慰問に行かせて、医師たちを激励しました。皆さんのしている行為は法律的には不法だけれども国としては認めていますよ、ということを暗に伝えたんですね。

そこで取り出された赤ん坊たちは、施設の中にある桜の木の下に埋められたそうです。私はそこへ行きましたけれど、いまは老人ホームになっていました。

そういう女性たちに対してどんな言葉を掛ければいいのか。頑張ってください、大丈夫ですよ、とは言えないじゃないですか。だから看護師さんたちは何も言わず、黙って手術の手伝いをしたそうです。この話を私は日赤の婦長さんから聞きました。

ものすごい数の女性が被害を受けているのですが、それは歴史の表には出てこないんです。そういう場面で「悲」という言葉が生きてくるんだと思います。

「慈」だけではちょっと言いようがないですよね。

横田 抜苦与楽で言うと、「与楽」が「慈」で、「抜苦」が「悲」ですね。これはブッダの言葉の一番の根本であり、仏教の一番の根本だと思います。

五木 そうですね、私もそれが根本だと思います。特に慈悲という言葉には、悲しみ、苦しみに打ちひしがれている人たちに生きる勇気を与えていく力があると思うのです。

◉人間には生まれ出づる苦しみというものがある

横田　そういうことから言うと、仏教でいう生老病死の四苦のうち、われわれ仏教者の間でも説くのが難しいのは最初の生苦《しょうく》なんです。五木さんはどのようにお考えですか？

五木　生苦をどう理解するかについては皆さん苦労していろんなことをおっしゃっていますね。人生を「青春・朱夏・白秋・玄冬」という四つに分ける見方がありますが、中国では玄冬をトップに持ってくるという考え方をする人もいます。つまり、最初が一番苦しいと。生まれ出づる苦しみと言いますけれども、暗い産道からこの世に生を受けて現れてくるという苦しみから始まって春に至ると考えるわけですね。でも私はやっぱり春夏秋冬に合わせて玄冬を最後に持ってきたほうが収まりがいいと思っているんです。

シェイクスピアの『リヤ王』という戯曲の中で、主人公が嵐の吹きすさぶ丘の上でこんなことを言います。赤子が生まれる産声を喜びの声として捉えて、さあこれから頑張って生きていくぞと捉える人もいるけれどそうではない。あれは修羅の巷、愚かしい滑稽な劇の演じられる現世に、自分の意思ではなく押し出されてくる赤子の不安と恐怖の叫び声なのだと。

たしかにそうかもしれないというところもありましてね。生きていくことは大変です。しかも生まれると同時に死を約束された形で生を受けるわけですから、ある意味では生は大変な苦しみかもしれない。昔の考え方だと輪廻というものがありましたでしょう。生まれるというのは、その輪廻の枠の中に入り込んでくることだから大変なんだと説明する人もいました。

そういう考え方をすれば、生を苦しみというふうに考えるのは理に適ったことかなと思います。でも、ふつうはちょっと説明しづらいですよ、生きるのは喜びだとみんな自然に考えますから。

横田　そうですね。皆、誕生をお祝いしていますからね。

五木　おめでとうございますと言うわけですから。

横田　ええ。だからこれを仏教がストレートに説くのはなかなか難しいのですけれど、説かざるを得ない。

五木　テレビドラマだったら廊下に産声が聞こえてきて、お父さんが「やった！　万歳」なんて言ったり、看護師さんが「おめでとうございます」と言ったりするのですけれど、生まれてくる子もこれから苦労するんだなと感じることはありますね。

横田　生まれた子供をご覧になった時にですか？

五木　ええ。病・老・死というものが将来待っているわけでしょう。その戦場に送り出されていくわけですから。喜びも希望もあるけれども大変だなぁと思います。専門のほうではどうご説明を？

横田　人間はどうしても他を犠牲にしないと生きていけない存在です。いくら精進料理だといっても、命を殺しているわけですからね。

こういう建物にしても、昔、動物のいたところを整地して建てているわけですから虫や動物を殺しているということです。生きるために他のものを犠牲にせざるを得ない。そういう命を人間は生きなければならない。これは一番の苦であるというふうに私は思っております。

五木　全く同感です。親鸞が生存悪というか生きている以上はあらゆる命を犠牲にして生かされると言っていますね。弱肉強食の巷というのは本当ですよね。

金子みすゞという詩人が「大漁」という詩を書きましたでしょう。

横田　はい、浜は大漁でまつりのようだけれど、海の底では何万の鰯の弔いをしていると。

五木　兄弟が弔いをしているだろうというのは一つの正しい見方です。彼女は自分に食べられるお魚はかわいそうとも書いているんだけれども、それを通していった

ら生きていくのは辛いですよね。最後は結局、彼女も自殺をしています。ですから、他を犠牲にして生きるという生存悪に耐えて生きるというのが、人が生きるということなんでしょうか。

稲は人に食べられようと思って実をつけるのか。そうではないですよね。そう考えてみますと、生きるというのは修羅の巷であり、ある意味では生存悪という

ものがある。それを地球環境の中の生命循環と捉える人もいますが、強いほうが弱いほうを犠牲にするのは間違いないですね。

例えば戦時中、増産体制の中、一反でお米を取る量を増やした農家は篤農家として国から表彰されました。でもそれは過度の肥料を投入して大地を酷使することなんです。ある意味で言うと罪深い行為です。そういうふうにネガティブに考えていきますと、やはり生きるということは背後に非常に大変なことを抱えているということになりますね。

横田　そうだと思います。

五木　ですから私たちは生きる喜びと生きる苦しみとの間を振り子のようにブレながら生きていくという見方もあるのでしょう。

◉医療の発達がもたらした新たな苦

五木　でも、横田さんが言われたように生の苦しみについてはなかなか一言では説明しがたいでしょうね。

横田　はい。しかし病の苦しみも老いの苦しみも大きいと思います。それは恐らく原始時代から変わらないでしょう。どんなに豊かになろうと、どんなに便利になろうとついて回るものですからね。

私の印象に残っているのは、十数年ほど前に母方の祖父が亡くなった時に「何で亡くなったのか」と聞いたら母親が「何やろね」と言うんですよ。

それは悪い意味ではありません。もうおじいさんは十分生きたんだから、難しい検査なんかせずに自然と食べられなくなって、老衰という形で亡くなったということなんです。

五木　天寿を全うしたということですか。

横田　はい。こういう病の受け取り方を考えると、詳しく検査をして否応なしに最先端のことまで全部わかったとしても果たしてどちらが苦であろうかと、ふと思いました。最先端の治療はしなければども、「これがおじいさんの人生だ。十分生きられたのだ」と思い、「何やろね」という言葉になったのだと思いました。これも一つの知恵じゃなかろうかと思ったんです。

病も治療が発達すればするほど苦がありありとしてくるのではないでしょうか。だんだん死ねなくなってきますからね。

五木　ええ。かつて「健康という病」と言ったりしましたけれど、いまは皆、健康について過度に敏感になっているような感じがします。「何やろね」という感覚はなかなか通用しなくなっていますね。

でも、そのくらいでいいじゃないかと思うところもあります。完全なる健康なんてだいたい望めないですから。

横田　では、私たちはどう生きたらいいのか。私は二歳の時から死というものを考えていましたけれど、これからはますます死を考えざるを得ないでしょう。医療機関の人とわれわれのような宗教者が少し対話をしようというような動きもあります。というのは、どこかで自分はここまででいいんだと受け入れる必要があるということなんです。治療の選択をしなければ、それこそどこまでやっていいのかとお医者さんのほうが不安になってくるわけです。お医者さんのほうで判断して止《や》めるわけにはいきませんからね。かといって、いままでのようにお医者さんに全部お任せということになると、本当に死ねなくなってしまう。

五木　生きた骸《むくろ》として十年も生きるというようなことは悲劇かもしれませんね。

横田　悲劇のような気がいたします。

五木　本人が自分はこれでいいと納得いったとしても、集中治療室で人工的に何本も管や計器につながれた状態で生きるのは本当に苦しいものです。そこで生きながらえるなんて拷問に等しいと思いますけど。

◉いかにして自分の死を納得して迎えるか

五木　いまは人生百年と盛んに言っていますが、健康寿命と実人生との間隙は広いものです。やはり自分の足でトイレに行けなくなり、自分の口で嚙めなくなったら、僕なんかこれはそろそろだなと思いますけどね。そういう時に果たしてどういうことができるのか。「これで納得して自分は世を去りますからよろしくお願いします」ということができるような世の中になるのかどうか。

横田　数日前にお葬式をあげたんです。これはお坊さんとしての務めのお葬式である一方、故人は非常に懇意な身内同然のお付き合いをしている六十代のご婦人でございました。前年の暮れにがんが見つかってもう手術はできないと言われていました。

彼女は「もう親も見送ったし子供たちも結婚したし、人生に何の悔いもない」と非常に達観をしておりました。だから何の治療もしない。抗癌剤は苦しむのがわかっているからそこまでして生きようとは思わないと言っていました。

ただふつうに最後まで正常な暮らしができるようでいたいというので、私はご縁のある漢方医の方をご紹介して、漢方を処方して痛みを和らげておりました。そういう時に漢方はいいんですね。完治はしないけれども最後まで苦しまずに生活をすることができる。そうしたところ、亡くなる日まで自分で歩いてトイレに行っていたそうです。食事も最後はほんの一口なのでしょうけれど、それでも台所でとって、家族に見守られて亡くなったんです。

もう治療は要らないと彼女自身が決意をして、周りの子供たちもお母さんはそれでいいんだと納得をして亡くなったわけです。もちろん六十代で亡くなるというと皆は「まだ若い」と言われますけれども、長さの問題ではなくて、その方の人生はそれでよしと見たいんです。

五木　すばらしい去り方だと思いますね。

横田　そうは言いながら、私もお葬式を務めていて故人のお元気な頃の写真を見て、あぁなんともかわいそうにと悲しみがこみあげてきました。その日、火葬場に行くためにタクシーに乗っていると、途中の信号待ちのところに立派なお寺がありました。そのお寺の掲示板に「人は必ず死ぬものなり。驚くことなかれ」と書いてあるんです。全くいまの自分の心境を見透かされたようでした。何宗だったか確認する時間もなかったのですが、本来の教えはそこにあったんだなと思いました。

五木　そうですね。人生百年といわれるような時代に、一番大きな問題は死の問題です。この問題にちゃんと向き合うことができるのは、行政でも医学でも社会保障でもなくて、やっぱり宗門しかないと思います。

横田　そうなんです。

五木　私は確実にそう思っています。私自身の最大の問題も、どういうふうに自分の死を迎えるかということがテーマですから。

◉平安時代に一世を風靡した臨終行儀

五木　平安時代に皆の関心を集めて一世を風靡《ふうび》した臨終行儀というものがありました。臨終の際のマナーということです。それは具体的に形として表れるものなんですね。例えば、亡くなる時にどちら側を向いて寝るかとか、頭をどちらに置くかとか、どういう念仏なりを唱えるのかとか、あるいは周りの人たちはどこにどう座って見送るか、水はどんなふうにあげるかというようなことが厳しく言われていたんです。

この臨終行儀が宮廷から庶民の間まで重要視されて、皆、年中「自分はこういうふうにしよう」と考えていたんです。メメント・モリ、死を見つめろと言いますけれど、そういう社会の風潮があったんですね。いまそんな臨終行儀は日本にはないですね。

横田　考えないですね。

五木　いまの時代、法律で安楽死は認められていないわけですけれども、人間は生まれてくる時は自分の意思で生まれてきたわけじゃないのだから、せめて幕を引く時ぐらいは自分で幸せに幕を引けたらいいなと正直なところ思います。

横田　そうですね。私がお見送りをしたそのかたも、ご遺族に聞いたところ、「年明けてお葬式になってしまうと来てもらう人に悪いし、年末も大変だからそろそろよねぇ」と言って十二月の初旬に亡くなったんです。

五木　そうですか。最後に「ありがとう。それじゃね」と言って去れるようなことがこれから先は一番大事だと思いますね。いまは臨終行儀、死のマナーが全然できていませんが、どういうふうにするべきかということは考えておきたいものです。

横田　死を習うというのか、死に習うというのか。

五木　昔の人は、手から七色の紐《ひも》を伸ばして仏像につなげるとか、お花はどういうふうに供えるかとか、常に死を意識していました。自分が亡くなる時はこうしようと心に誓いながら生きていましたから、この世を去る時にあまりドタバタしないで去れたのかもしれません。

希望というとかつてはあるべき世界への希望でしたけれども、これから先は後生というものをどう考えるかが希望になってくる。いまはまだその思想も哲学も文化も未完なんです。ですから「旧都は荒れ果て新都いまだ成らず」という感じですね。いま誰かがそのことを人々に語ってくれないと、というふうに思います。

私なら「いや、ありがとう、いい人生だった」と感謝しながら去れればいいなと思います。意識が混濁してしまう前に、そんな言葉を口にできたらいいと思います。

横田　禅では死ぬまで精いっぱい生きよと教えています。先ほどの六十代のかたの生き方も精いっぱいだったのではないかという気はするんです。

五木　死を受け入れて穏やかに死ぬというのも精いっぱいですから。

横田　そういうところにどう生の価値を見出《みいだ》していくかと考えることが大切なんじゃないかと思いますね。

◉死のカルチャーを確立すべき時が来ている

五木　この問題が非常に大事なのは、もう目前に団塊の世代数百万人のかたが一斉に退場する時が迫っているからです。この十年から十五年の間に人々がどんどん世を去っていく。いままでになかった大量死の時代が来るんです。それが社会の趨《すう》勢《せい》です。この時代を前にしているからこそ、死の問題が大きい。しかも、昔と同じようにある一定の人々が世を去り、同じだけの人々が生まれてくるならいいけれど、少子化多死化の時代ですから。

団塊の世代がいまだいたい七十歳に突入しているわけですから、これから大変なことになると思いますね。

横田　団塊の世代は十年たったら八十になりますね。

五木　これから二十年の間には大量に退場しなきゃいけないわけです。でも、死のカルチャーというものがまだできていない。

横田　これはあまりテーマにしにくいのですけれども、自死、自殺の問題があります。もちろん自殺はなすべきでないのは当然でございますが、花園大学の佐々木閑先生という戒律を専門とする教授が、ブッダは自死に対してどういう考えを持っていたかということを綿密に調べ上げたんです。そして出した結論が、ブッダは自死を殺人罪と同じような悪業《あくごう》とは見ていない、と。それはなすべきことではないけれども一つのあり方である、ただそういう行いとして見ていると言ったわけです。

五木　なるほど。

横田　その教授が新聞のコラムに「仏教において自死は悪ではない」という内容の記事を書いたところ反響がすごかったそうです。厖大《ぼうだい》な手紙が届いたんです。とんでもないという意見が多いのかと思いきや、反対意見は一通だけで、他の手紙のほとんどすべては共感するものだったそうです。

家族を自死で亡くした人たちは自分の身内がそのような死に方をして悲しいのはもちろんですが、二の矢を受けるというんですね。例えば有名人が自ら命を絶つとそれが一斉にニュースになります。自殺を肯定する意見なんてほぼありませんから、そのたびに胸に来て立ち直れないというわけです。

しかし、佐々木教授が言うのは、命の尊厳ということを考えるのであれば、死もまた尊厳であると。そこに共鳴する人が多かったんです。

五木　なるほど、よくわかります。

横田　もちろんこれは自殺を勧めるというのとは全く違う話です。しかし、そうせざるを得ない生き方があればそれはそれで認めるべきではないかと。

私が学生時分ですが、とある本山の管長が自死されたことがあるんです。

五木　はい。

横田　覚えておられますか。私はこの道に入った駆け出しの頃だったものですから、引っくり返るほど驚きました。死の解決の道はここにあると思って宗門に入ったのに自ら命を絶つとは何ということかと愕然としました。

まだ学生でしたから、その当時のお坊さんたちがこのことをどう見てるのかを聞いて回ったことがあります。ほとんどのかたは「あれは困る」と言われました。中には「あの人はインテリでエリートだったけれども坐禅が十分でなかったんだ」と言う人もいました。

ところが、ただ一人だけ、とある老師が一言こう言われたんです。「自ら死を選ぶほどの苦しみは他人にはわからないものだ。だから他人がどうこう言うことはない。そっとしておいてあげればいいいんだ」と。このかたは戦争中サイパンに出征していて生き残って帰ってきたんです。死を潜り抜けてきただけあって独自の世界観を持っていました。

私はその答えを聞いて非常に感銘を受けて、こういう見方をする人もいる世界であればいいなぁと思ったことを覚えています。

五木　なるほど。

横田　あれからもう四十年近く経ちますけれども、佐々木教授の見方も含めて、死を考える時に、そういう見方もあるんだなと思ったんです。

五木　そうですね。物事というのはなすべきか為さざるべきかという二者択一というのはなかなか難しいです。なすべきではないけどもそれはそれで、ということがある。こういうのを中途半端と言いますが、物事はだいたい白か黒かはっきり分けられるものじゃありません。微妙なところで存在するものです。

自ら死を選ぶというと、知り合いのお医者さんのお父様が医師だったのですが、水も飲まず食物も摂らず、毎日日記をつけながら死を待ったというんです。その状態で一か月ぐらい生きておられたそうです。それは息子さんにとっては非常に苦痛ではあったけれども、「何か凄かったな、父親は」と話していました。

横田　戦後のお話ですか。

五木　ええ、そうです。だけどそういうものの前に、痛みにのた打ち回って苦しんでいる人を放っておいていいのかという問題もありますよね。

横田　そうなんです。佐々木教授が調べたところでは、悟ったお坊さんでも晩年の病の苦しみに耐えかねて自ら命を絶つということがあったそうです。それを見た僧がブッダに聞くわけです。「この修行僧はどうなりますか」と。そうするとブッッダはちゃんと「あれは涅槃に入った」と言ったというんですね。

五木　なるほど。

横田　まあ自殺を勧めるというのとは全く違うので、そのへんは慎重にしなければならない問題なんですけれども、一つの見方として自死というものが必ずしも否定できない場合もあるということでしょうね。

◉死を前提にしてどう生きるかを考える

五木　前にもお話ししましたが、戦後何十年かおきに死を論ずるブームが繰り返し起きてきているんです。当時はまだ死を思想・文化として論じていました。ところが、いま死を考え、死を論ずることは具体的な現実です。この違いが大きいですね。死の覚悟を考えるとか問われるという問題ではなくて、現実にどうするか。この問題は非常に大きい。これまでとは違った意味で、目前にある大量死の時代というものを受け止めながらわれわれは生きていかなければいけないということです。

例えば仏教でもキリスト教でも、宗門にとって人間の死は大きな問題です。それを解決する縁《よすが》が科学にはありませんから、ある意味で宗教が試される時代に直面していると言っていいでしょう。だから私は、この問題にお寺さんがどういうふうに対処していくのだろうかと非常に関心を持って見つめているところなんです。

横田　積極的に死を主題にした宗教運動というのはないですよね。

五木　はい、ありませんね。

横田　戦後の五十年間は生きるということがテーマでしたから、死というものがいまくらい話題になったことはないでしょう。

横田　これはある禅寺での話なんですが、このお寺の高僧が亡くなる時に南無阿弥陀仏南無阿弥陀仏と唱えたというんです。

仙厓さんが「南無無阿弥陀仏」と書いた墨蹟を残しているというような話も聞いたことがあります。「分け登る　麓の道は多けれど　同じ高嶺の月を　見るかな」

という歌ではありませんけれども、相反するもののようでありながら通じるものは同じなのではないかなと思っているんです。

五木　鈴木大拙さんもそういうふうな考え方でしたね。

横田　はい、大拙先生は念仏にも深いご理解がありました。大内青巒というかたは「禅は面白いところから入って、有難いところに徹底せねばならぬ。念仏は有難いところから入って面白いところまで徹底せねばならぬ。（『明治の仏教者』）」というようなことを言われていますね。

五木　ああ、なるほど。

横田　念仏の面白みというのは妙好人《みょうこうにん》だと思うんです。私が妙好人の話で最も感銘を受けたのは、因幡の源左さんの話です。因幡の源左さんがお寺にお参りしようと思ったら途中で夕立にあってずぶ濡れになってしまった。お寺の和尚がさすがの源左さんも困っただろうと思って、「源左さん、大変な雨に遭ったな」と言うと、源左さんは「いや和尚様、有り難いや。鼻の穴が下を向いていたから助かった」と言ったそうです。この話は常人には考えられない滑稽みと有り難みがあるように思います。

五木　時に妙好人の話は頓知問答みたいなところがあって、それが面白いんですけどね。まあこれはなかなか難しいですね。

ただ、自他一如《じたいちにょ》というように、禅と念仏は自力と他力で入り口は違いますが、めざすところはつながっているという感じがします。

◉自力他力を超えたところにあるもの

横田　先に私が四十年以上坐禅していて、この頃は一切自分の計らいをやめて、ただ坐るに任せるという気持ちにようやくなったとお話ししたところ、五木さんから褒めていただきました。

五木さんには及ばないかもしれませんが、私も岡田式静坐呼吸法や藤田霊斎の調和道丹田呼吸法、それからヨガの呼吸法とか随分いろいろやってきました。それでようやくこの頃達したのは、出入りの呼吸に任すということなんです。つまり、無意識の呼吸ですね。そういうのに気がついた頃に、あるかたの呼吸の本が出たのでそれを読んだところ、体に必要な酸素と二酸化炭素のバランスを精妙に保つことができるのは無意識の呼吸であると書いてあったんです。

五木　無意識の呼吸ですか。

横田　著者はお医者さんですが、人工的な呼吸だとどうしても無理があると言っています。人間の力で意識する呼吸は大脳皮質が関係し、感情で呼吸が変化するのは大脳辺縁系の中の扁桃体が関係している。そして無意識の呼吸は脳幹が関係していると言うんです。そして、脳幹の働きこそが体にとって必要なバランスを精妙にとっているんだというんですね。

人工的に呼吸を長くすることもたしかに乱れている心を整えて副交感神経を優位にさせる大きな働きがあるけれど、究極は無意識で行われている呼吸だと。それを読んだ時に、あっ、これだなと思って、この頃は呼吸法を意識しない呼吸をしているんです。

五木　なるほど。

横田　五木さんもたしかご著書の中で、ある禅僧が「結局は呼吸だ」と言われたという話を書かれていたと思いますが、それを言われたのは円覚寺の古川尭道《ぎょうどう》という九十歳まで生きた坐禅の第一人者なんです。ただ、私は長い間勘違いしていたのは、その呼吸とは呼吸法のことだと思っていたんです。ところが、古川老師は呼吸法だとは言っていない。

五木　呼吸法じゃなくて、呼吸。

横田　そうなんです。呼吸なんです。ここにようやく気づきました。この自然と行われている出る息・吐く息、何ら計らいを加えない呼吸が自分の体のバランスを精妙にとってくれている。こうくると自力他力の別はないということにもなります。

道元禅師は「ただわが身をも心をも放ち忘れて、仏の家に投げ入れて」と言っていますが、この歳に至ってようやく道元禅師の言われた「放ち忘れて」というところに気がついてきました。それは自分の計らいではないということを感じるようになったんです。

五木　おっしゃったように呼吸と呼吸法の違いは他力自力の問題と一緒ですね。大事なのはまさに呼吸なんです。

横田　呼吸法というと自力なんです。計らいなんです。

五木　他力もそうですよ。他力だってそこに執着すると自力と一緒ですから。だからその自力他力を超えたところがあるということではないですかね。どちらから入っていくかの問題であって、呼吸法から入って自然な呼吸に至る道もある。自力他力のどちらの入り口から入っていっても何かそこに一つの見えてくるものがあるんじゃないかと思います。だから私はあまり他力に拘《こだわ》っていないんですよ。それから自力にも拘っていないんですね。これは天の命なりみたいな感じでね。ですから呼吸というのは、例えば部屋の出入りとか、出船入り船とか、お金の貸し借りと同じで、だいたい物事は出すほうが先ですよね。

横田　はい、呼吸も呼が先ですね。

五木　ええ。ですからそのことぐらいの違いなんで、おっしゃるように呼吸法から入っていって呼吸に返るというのはすごく大事なヒントを得たような気がします。本当は自力他力のどちらから入っても、自力他力を忘れるというのが大事なとここの自然と行われている出る息・吐く息、何ら計らいを加えない呼吸が自分の体のバランスを精妙にとってくれている。こうくると自力他力の別はないということにもなります。

――横田

ろなんじゃないでしょうか。

横田　昔の人も「あるが如《ごと》くないが如く呼吸しろ」とたしかに言っています。そういうのを読んでいながらいままで通り過ぎていて、ようやく、あぁこういうことを言うのだなぁと気づいたんです。

五木　禅のほうでは坐禅を組む時に半眼というのですか、あの見るが如く見ないが如くというところに人生の機微があるような気がするんです。見えていても見えなくてもいいんだという考え方ですね。その合間に何かあるという感じがしています。物事の黒白も正邪も、それから静とか動とかいうのも、だいたいそういうものじゃないかと思っているんです。

人間が生きるということは、生と死のその間にあるんだという感覚ですね。だからいつも生きている傍らには死があるし、死を意識する人間は生きている。何か曰く言い難しみたいなものを禅は摑まえようとしているんじゃないでしょうか。

横田　そうだと思います。

五木　論理的にそこをきっちり摑まえるんじゃなくて感覚として悟るというのはそう

いうことかなぁという感じがします。

◉「信」に目覚めるとは仏に気づくこと

横田　私は『臨済録』と『歎異抄』に共通するものは「信」だと思うんです。『歎異抄』の「信」は言うまでもないですが、『臨済録』は専門なものですから長年やってきましたけれども、ようやく大事なのは「信」なのだとわかってきました。『臨済録』は薄い本ですけれども、数えてみたら二十回「信」ということを繰り返し言っているんです。意外に多いんですね。「悟れ」というより「信」ということを多く言っています。親鸞もそうだと思うのですが、『臨済録』でいう「信」というのは、ただ闇雲に信じるというのではなくて、確信というのか、これ以外にはあり得ない、これでいくんだという心の定まり方を言っているように思います。『臨済録』の核心はこの「信」にあるというのが去年から今年にかけての発見なんです。

自ら仏であることを自覚しろというのが『臨済録』の中心テーマですけれども、それを「信」ということで臨済は表現しているんですね。

五木　臨済と曹洞など他の宗派と明らかに違うところってどんなところでしょうか？

横田　これは私もどのように説いたらいいのか、どのように伝えたらいいのか、長い間苦労してきまして、最近ようやく例え話で説明するようになりました。これは花園大学で学生たちに『臨済録』をどう説こうかと考えて作った例え話です。上野動物園の前を通った時に考えたのですが、笑い話のような話です。

パンダを見たいと多くの人たちが行列をしている中にパンダが交じっているんです。ところが当のパンダは自分がパンダであると気がついていない。ですから大勢の人たちから「お前はパンダを見る必要はないだろう」と言われて列から追い出されてしまいます。

でも、そのパンダは自分がパンダだとわかっていませんから、パンダを見たくてしょうがない。そこでパンダとはどういうものだろうかと本を見て勉強をします。パンダの生態を学んで、こんな姿をしているんだと一所懸命パンダの真似をするわけです。

ある時、そのパンダが水溜まりにはまって水を払っていると、水の面に自分の姿が映ってハっとするんですね。自分はパンダだと気づくんです。そして、そのパンダは「もうパンダを見る必要もパンダの真似をする必要もない、自分の好きなように食事をして、自分の好きなように寝ていればいいんだ」と気がついたと、こういう話です。

『臨済録』で説いているのはそういうことです。自然にありのままに、お腹が空いたらご飯を食べればいいし、くたびれたら眠ればいい、と書いているんですね。

それに対して、今日の曹洞宗では、「威儀即仏法、作法是宗旨」といって、形式を重んじている傾向があります。

それに対して、臨済は、パンダの譬えで申し上げると、パンダであることを自覚すればいいんだ。そうすれば真似をする必要はないと説いています。そうしてパンダのままで、自然と寛いでいれば、それが一番周りの人に安らぎを与えることができると言っているわけです。

だから臨済では、自らがパンダであることに気づかせることを重視します。それは自分自身が仏であるということに目覚めろという教えなんです。するとわざわざ仏を外に求めなくてもいいわけです。

そういうわけで臨済のほうがあまり細かな作法に捉われないというところはあります。たしかに作法は修行の時には大切ですけれども、あとはそんなに厳しいことは言いません。自由な気風があります。それは自分自身が仏であるという自覚、確信があれば自由な姿で人に接していけばいいということです。今の曹洞宗では作法を伝えていくことを重視しているように思います。

五木　なるほど。少しわかってきました。

横田　でも真宗の妙好人の「信」は臨済の「信」に近いと思っているんです。それは姿形ではない。言葉としては、「自らが仏である」というのと「自分も救われる」というのとでは多少の表現の違いはありますが、確信・自覚という面においては同じところをついているのではないかと思っています。

◉心が開けると見えてくる世界がある

五木　自分に内在するものを悟る考え方と、天台の本覚思想のようなものとの違いはどこでしょうね。天台では山川草木悉有仏性《さんせんそうもくしつうぶっしょう》と言いますけれど、そういうものも臨済の人はちょっと違いますよね。

横田　そうですね。私どもが問題にするのは、山川草木に仏があると見える心なんです。

五木　見える心、なるほど。

横田　はい。あるかないかということは私自身の問題とは全く関わりがありません。自分自身の心が開けた時に、花にも心があると感じる。そういう心が開けるんだという自覚の問題です。

ですから科学的な実験をするように、対象物として仏であるかどうかということはそれほど関心がありません。それがわかろうがわかるまいが、私自身の問題としては大したことではないと思っています。しかし、私自身の心が開発された時に森羅万象が仏であると手が合わさり、その手が合わさる心はたしかにあるんだと受け止めることができる。われわれが問題にするのはそこです。

草木の心がどうこうというのは自分の心の表れであると見ています。

五木　だから松原泰道さんの「花が精いっぱい咲いている」というのに感動なさる。

横田　はい。

五木　なるほどねぇ。微妙な違いですけれど大きな違いですね。

横田　そうなんでございます。私が中学生の時にたしかに松原先生はそのように感じる心を大切にしなさいと言ってくださっていたのは覚えております。それは、花がどういう気持ちで生きているのかということを詮索《せんさく》したり研究するというものではないと思っているんです。山川草木が仏に見えたという、そういう心が開ける世界を説いている。私が学んでいるのはそこなんです。

五木　それは例えば坐禅を通じて近づいていけるということですよね。

横田　はい。ずうっと坐って一つのことに集中していますと、何かの拍子にパッと見えてくる時があるんです。

五木　横田さんのお父様が鍛冶の仕事に自分の使命感を抱いて、石や鉄や金物を打って道具をつくったり釜をつくったりする。そういう中で見えてくるものもありますね、きっと。

横田　おそらくそうかもしれません。

五木　職人的な意識を貫徹していくだけではなくて、例えば鉄という鉱物の生命を道具というものに変えていく作業を続ける中で、職人としての技術の問題ではないものが自ずと芽生えてくるような気がします。だからこそ自分の仕事にプライドを持って怠けないという思想が出てくるんじゃないかと思いますけど。

横田　私の父は学問がありませんからそんな表現はしませんけれども、語っていると、私ら以上のものを見ているんだなぁと感じることは多々ございます。

　最近の話ですが、動脈瘤が見つかって家族の者は大変だから手術をしろと言っているらしいんですけれども、父親は八十を超えてますから「もういいんだ。自分は職人としての人生を全うした。子供たちも一人前になっている。病院へ行って手術をすることも何もいらない。自分はこれでいいんだ」と。そう言いながらまだ元気に生きているんですけれど（笑）。

五木　いや、それは立派なものですね。

横田　母親が私に「あなたからも説得して」と言うんですけれど、私が言ったところで聞くような父親ではありませんからね。私は父親の生き方は尊い人生ではないかと思っているんです。

五木　そういうことを直接に伺うと、なるほどと非常に納得できるものがあります。

◉自分の中にいるもう一人の自分に気づく

五木　そういう心を養うためには体も養わなければなりませんね。身心脱落というのは身心再生ともつながってくるので、体が先か、心が先かなんて分けて考えるものではなく、身心一如というものだと思います。だから、自分の体を意識して、自分の中にもう一人の自分がいると考えることが非常に大事だと思うんです。

例えば孤独の問題にしても、一人でいても実は二人連れと考えて、そのもう一人の自分と対話をする。坐禅を組んでいる中でも様々な雑念が湧いてきたり、もう一人の自分と対話を交わしたりすることがあると思うんです。そういうもう一人の自分との対話の中で精神の健康を維持し、生きていく意欲を失わないようにしていくことがすごく大事だと思います。

おそらくこれから先は八十、九十になって孤独に晩年を生きていく人が相当増えると思うんです。家族と一緒でも孤独に暮らさなければいけない場面がたくさん出てくるでしょう。そういう時に一人だと思わないことですね。

親鸞は「一人居て喜ばは二人と思うべし、二人居て喜ばは三人と思うべし、その一人は親鸞なり」という遺言を残しています。あなたは一人ではない、いつもこの親鸞が傍にいるんだよと言っているんですけれど、これはお遍路で笠に書き付ける「同行二人」という言葉と同じですよね。お大師様が常に一緒にいてくださるのだと。

その意味で、もう一人の自分というものに気づくことがすごく大事だと思うんです。

◉背後に照らす光があるから影ができる

横田　いまお話しいただいたもう一人の自分に気づくということともつながってくると思うのですが、この苦しみの多い世を生きていく上で、わたし自身自らに言い聞かせている言葉があります。それは浄土真宗の妙好人として知られる浅原才市《さいち》のこのような言葉です。

「海には　水ばかり
水をうけもつ底あり
さいちには　悪ばかり
悪をうけもつ阿弥陀あり」

人生が苦痛に満ちているように見えるのは、それを支えている底がある、大いなるものに支えられているから、苦痛も感じることができるのだと言っています。

体が先か、心が先かなんて分けて考えるものではなく、身心一如というものだと思います。だから、自分の体を意識して、自分の中にもう一人の自分がいると考えることが非常に大事だと思うんです。

——五木

このことを自覚すれば、痛苦に満ちた人生を生きていく力になるのではなかろうかと思うんです。

五木　なるほど。

横田　それは念仏とか禅とか違いを論じるということではなくて、念仏も禅も根底から支えてるものがあるということですね。サムシング・グレートと言ってもいいと思うんですけれど。

五木　サムシング・グレート、いい言葉ですね。そこに〝何か〟がある。

横田　はい。それがあるから、痛苦の人生があり得るのだと。

『致知』でお馴染みの坂村真民先生にも同様に、

「影あり
仰げば
月あり」

という短い詩がございます。影というのは月の光りがあるから見える。真っ暗闇には影はないんだよと。

われわれが苦を自覚しているということは、必ずそれを支える底もあるし、照らす光もある。人生というのはそんなふうに、ちょっと考え方を変えればガラっと変わってくると思うんです。

五木　おっしゃる通りです。私もよくお話しするんですが、光を求めて太陽を見上げても目が眩んで見えません。足下に目をやると自分の黒い影がそこに落ちている。影があるのは、自分を背後から照らしている光があるからなんだと。

ですから、世間は暗い話や深刻な話に満ちているようですけれども、背後にはそれを照らす明るい光がある。そのことを信じて、齢八十でガンジス川を越え、熱砂の中を命ある限り歩き続けた仏陀のように、私たちも体が続く限り生き続けたいものですね。お話をきいて、そんなエネルギーをいただいたような気持ちになりました。

あとがきにかえて

対談で何が苦痛であったかといえば、本書の冒頭に記してあるように、お互いを「さん」づけで呼ぶようにしたことです。

私のことを、「管長」とか「老師」とか呼んでいただくのは恐れ多いと思って、「さん」でと申し上げたのですが、お互いにそうしようということになってしまいました。三十二才も年上のかたを、「五木さん」とお呼びするのは、たいへんでした。あとがきは、五木先生と記させていただきます。

一昨年の夏に、致知出版社の藤尾秀昭社長から、「五木寛之さんと対談してみませんか」とお声をかけていただきました。

思いもかけぬことで、驚いたのですが、なにごともご縁やめぐりあいを大切にしたいと思っていますので、これも何かのご縁と思い、対談させてもらいました。

高名な作家であり、『親鸞』や『大河の一滴』などの著作もあり、仏教にも造詣《ぞうけい》の深い先生との対談には、緊張して臨みました。

対談の前には、そのかたの著作をできる限り読むようにしています。しかし、五木先生との対談では、あまりにもご著書が多く、対談の前後の頃、私の部屋は五木先生の本であふれていました。

そんな準備をし、緊張して臨んだ対談でしたが、五木先生は年若い私に対しても、恐らく小さいながらも本山の管長、或いは大学の総長という肩書きがある為か、とても親切に応対してくださり、対談は弾みました。対談といっても、私が聞き役になっていろんなお話を伺うことができ、私自身大満足でした。

一度でも大作家と対談できたことは、わが人生の僥倖であると思っていたところ、なんと二度も対談させてもらうことができました。

もう何も思い残すことはないと、思っていたら、思いもかけず三度目の対談もさせていただくことができました。

三度目の対談の翌日、五木先生は連載されているコラムに、対談の様子を書かれていました。(『日刊ゲンダイ』「流されゆく日々」)。

「老師というとなんとなく枯れた仙人のような印象だが、横田老師は五十代のまことに若々しい禅師でいらっしゃる」と紹介してくださっていました。

それから、「私はこれまで五十余年の間に、いろんなかたと対談をしてきた。……短い期間に三度というのはあまりないケースである。どこか青年の面影を残した横田老師とは、よほど波長が合うのだろう」と書いてくださっていました。

そして、「今度の対談の席では、私の悪いクセで、ついぺらぺらと勝手に多弁を弄してしまった。こちらの放言を辛抱づよく聞いてくださるお相手だったからこその逸脱である」と書かれていました。

戦中戦後のご苦労を体験されてきた五木先生と、戦後の高度経済成長のただ中で生まれ育った私と、全く異なる環境で生まれ育ち、一流作家と一介の禅僧と、およそ共通点を見出すのが困難なのですが、何故かお気に入ってもらえたようなのです。

本書の中でも、五木先生が「僕は横田さんの前に出ると喋りたくてしょうがないからついいろんなことを話してしまうのですが（笑）」と言ってくださっていますように、五木先生からたくさんのお話を聞き出すことができたと思っています。

お伺いしたお話の中では、文章にはしづらいような、戦中戦後の辛い体験談もございました。私のように戦後の平和な時代に生まれ育った者には、想像を絶する体験です。そんなご苦労をされながらも、決してそれを表には出さずに、常に前を向いて、これからの時代がどうなるのだろうと、好奇心を抱き続けている五木先生のお姿には、青年の面影を感じました。

また、深い人生体験を経たかたの言葉の重みも感じました。五木先生が、「焼け跡にも花は咲く、少々のことがあっても人間は生き延びていくんだ」と言われると、そうなのだと納得させられるのでした。

これから、我が国も曽《かつ》て経験したことのない人口減少の時代に入ってゆきます。エネルギーや環境の問題など、困難な課題がたくさんあります。

しかしながら、五木先生と対談してみて、不思議ときっとなんとかなる、どんなことでも乗り越えてゆけそうな気持ちがしてきました。

更には、五木先生が、「いまがまさに仏教の時代」と仰せになっているように、仏教を学び伝えることの大切さも改めてわが心に銘じた次第です。

対談してくださった五木先生と、このような機会を設けてくださった致知出版社の藤尾秀昭社長と、そして編集の労を取ってくださった小森俊司様に深く感謝します。

横田南嶺

〈著者略歴〉

五木寛之（いつき・ひろゆき）

昭和7年福岡県生まれ。27年早稲田大学露文科入学。41年小説現代新人賞、42年直木賞、51年吉川英治文学賞を受賞。また英文版『TARIKI』は平成13年度『BOOK OF THE YEAR』（スピリチュアル部門）に選ばれた。14年菊池寛賞、22年『親鸞』で毎日出版文化賞を受賞。稲盛和夫氏との共著に『致知新書 何のために生きるのか』（致知出版社）がある。

横田南嶺（よこた・なんれい）

昭和39年和歌山県生まれ。62年筑波大学卒業。在学中に出家得度し、卒業と同時に京都建仁寺僧堂で修行。平成3年円覚寺僧堂で修行。11年円覚寺僧堂師家。22年臨済宗円覚寺派管長に就任。29年12月花園大学総長に就任。著書に『自分を創る禅の教え』『禅が教える人生の大道』『人生を照らす禅の言葉』、共著に『生きる力になる禅語』（いずれも致知出版社）などがある。

命ある限り歩き続ける

令和二年六月二十五日第一刷発行

著者 五木 寛之
横田 南嶺

発行者 藤尾 秀昭

発行所 致知出版社

〒150-0001東京都渋谷区神宮前四の二十四の九

TEL（〇三）三七九六―二一一一

印刷・製本 中央精版印刷

落丁・乱丁はお取替え致します。（検印廃止）

ISBN978-4-8009-1234-3 C0095

ホームページ https://www.chichi.co.jp

E メール books@chichi.co.jp